La mère parfaite est une connasse !

Des mêmes auteurs

La femme parfaite est une connasse !, J'ai lu, 2013.
La femme parfaite est une connasse ! 2, le retour… parce que la connasse ne meurt jamais, J'ai lu, 2014.
L'homme parfait est une connasse !, Flammarion, 2018.

Anne-Sophie
GIRARD

Marie-Aldine
GIRARD

La mère parfaite est une connasse !

J'ai lu

À maman et Joséphine

« Les enfants commencent par aimer leurs parents ; devenus grands, ils les jugent ; quelquefois, ils leur pardonnent. »

Oscar Wilde

Sommaire

Préface

Lorsque mes filles m'ont appelée pour mon anniversaire en me demandant si je voulais bien faire la préface de leur livre *La mère parfaite est une connasse !*, j'ai tout d'abord pleuré (oui, on pleure beaucoup chez nous). Ensuite, bien sûr que je vais la faire cette préface !

Quel cadeau merveilleux ! Je vais pouvoir dire à quel point je suis fière de mes filles, mais surtout à quel point je suis fière de ce qu'elles sont !! Mes filles sont nées, je venais d'avoir 17 ans, alors dire que ça a été facile serait exagéré (voire très exagéré) mais, aidée du papa, et surtout de mes livres, on s'en est plutôt bien sorties.

Je voulais surtout qu'elles sachent que pour leur avenir rien n'était impossible. Je suis fière de leur pugnacité, de leur courage, de leur générosité, de leur grand sens de l'amitié (un *très* grand sens de l'amitié !). Fidèles lectrices, vous avez fait connaissance avec toutes leurs amies.

Tout n'a pas été rose, loin de là... Je n'ai pas été une mère parfaite mais, de l'amour, j'en ai donné et j'en donnerai encore et encore...

La maman des jumelles

Avant-propos

Ce livre est un « guide de survie » pour les mamans et futures mamans.

Lorsque nous avons écrit *La femme parfaite est une connasse !*, nous avions déjà dans l'idée d'écrire un jour *La mère parfaite est une connasse !*, car quoi de plus important que de déculpabiliser les mamans et futures mamans ?

C'est LE livre qu'on aurait aimé lire... alors on l'a écrit !

Ce livre s'adresse à toutes les mères. Aux mères en devenir, aux mères célibataires, celles de familles recomposées, aux pères-mères, aux mères de cœur, etc.
Loin de nous l'idée de vous dire ce qu'il faut faire ou ne pas faire, il s'agit uniquement de se moquer de nous et **surtout de dire des choses qu'on n'est pas censé dire, ni penser, juste parce que ça fait un bien fou !**

Il est important de déculpabiliser les femmes, car quoi que nous fassions, nous sommes jugées, critiquées, culpabilisées... par les autres, mais aussi et surtout, par nous-mêmes.

Enfin, notre démarche n'est pas d'ériger la mère imparfaite comme un modèle à suivre, mais seulement de rassurer les mamans, car la mère parfaite n'existe pas !

Alors, arrêtez de culpabiliser, vous n'êtes pas seules ! Nous sommes toutes des mères imparfaites*. Et c'est tant mieux !

---

* On n'était déjà pas des femmes parfaites, on n'allait quand même pas être des mères parfaites !

Règle n° 1

Nombre d'enfants : 1
Ressenti : 8

Mon fils est une betterave

Lorsqu'on tombe enceinte, on découvre tout un nouveau monde qui nous était jusqu'alors inconnu, notamment celui des paniers de fruits.

« Cette semaine, mon futur enfant est une tomate. »

« Ooooh, moi, c'est une jolie petite figue ! »

Il s'agit d'applications sur smartphone qui nous indiquent chaque mois à quel fruit on peut se référer pour imaginer la taille de notre futur enfant. C'est très chouette de voir l'évolution du fœtus, de pouvoir imaginer la taille qu'il peut avoir. Cela permet à la future mère de rendre un peu plus concret ce qui se passe à l'intérieur jusqu'à ce qu'on atteigne le stade du melon.

Et là, c'est le drame...

QUI PEUT M'EXPLIQUER COMMENT ON FAIT SORTIR UN TRUC GROS COMME UNE PASTÈQUE PAR UN TROU GROS COMME UN CITRON ?!

Pourquoi on parle comme des débiles ?

La grossesse amène son lot de changements dans nos vies, mais il en est un dont on parle peu, c'est celui du vocabulaire.

Avant la grossesse, on était toutes d'accord pour appeler la personne qui nous faisait notre frottis annuel notre « gynécologue », mais dès qu'on tombe enceinte, on devient gnangnan, au point d'appeler cette personne respectable qui a fait dix ans d'études et a donné la vie à nombre d'enfants, notre « GIGI ».

POURQUOI ? Pourquoi le fait de tomber enceinte nous rend-il gnangnan ?

« Ohhh... Qui c'est qu'a fait popo ? Bravo mon loulou ! » (Nous ne relèverons pas les erreurs fondamentales de syntaxe.)

ATTENTION ! Nous abordons à présent ce qui va prendre une place très importante chez les jeunes parents, le mot « PROUT ».
Par quel mystère des gens drôles, intelligents et cultivés, s'esclaffent-ils devant un enfant qui dit « prout » ?!

Mais il y a pire, il y a le mot « prouter ». On les surprend à dire à voix haute, en public, avec le sourire aux lèvres : **« Qui c'est le petit garçon qui a prouté ?! »**

LE PROUT NE PASSERA PAS PAR NOUS. (VOYEZ ÇA COMME UN ACTE DE RÉSISTANCE)*

---

* On mène les combats qui nous ressemblent.

Tous ces nouveaux mots qu'on ne comprend pas...

Petit lexique pour s'y retrouver avec ce nouveau vocabulaire :

Nullipare : On est une nullipare quand on n'a jamais accouché.
« *C'est moi que tu traites de nullipare ?!* »

Primipare : Une femme qui accouche pour la première fois est une primipare.
« *C'est moi que tu traites de primipare ?!* »

Aménorrhée : C'est un peu le « brut » de la grossesse.
Depuis toujours, on parle en « net », mais on découvre qu'il existe un brut... C'est à n'y rien comprendre*.

Accoucher par voie basse : Accoucher par en bas.
Bah ! On ne va pas accoucher par en haut ?!
Et puis STOP ! On a l'impression qu'on parle d'une vache qui met bas.
On va prendre 5 minutes et on va trouver un autre mot...
Qu'est-ce que vous pensez de « par la chicounette » ?
— Par la choupi ?
— Par la schneck ?
— Par la...

Bon, si vous avez une autre idée, n'hésitez pas.

Et enfin, le mot qui revient le plus souvent : LE PÉRINÉE.
Sérieusement ! On passe toute notre grossesse à en parler et après notre grossesse à le serrer, mais on ne sait toujours pas ce que c'est !

---

* On vérifie cinquante fois ce que c'est exactement... D'ailleurs, on a déjà oublié...

Règle n° 2

On évitera de dire :
« Mon fils ?!
C'est tout son père,
bourré ! »

« Et vous allez l'appeler comment ? »

Certaines personnes ne veulent pas connaître le sexe du bébé avant la naissance, d'autres s'en fichent, mais tous répondent :

« L'important, c'est qu'il soit en bonne santé... »
NON ?! SÉRIEUX ?! Vous voulez qu'il soit en bonne santé ?! Vous avez pensé à prévenir le gynécologue ?! #ironie
CE N'ÉTAIT PAS LA QUESTION !

*« On préfère ne pas savoir*** ... »*
Mouais... C'est surtout que vous avez peur d'être déçus. #bandedemythos

ATTENTION
MERCI d'arrêter de répondre :
« On préfère ne pas le dire. »

Parce que c'était juste pour être poli qu'on a posé la question. C'est pas comme si vous connaissiez le prochain gagnant de *The Voice* !
De toute façon, quoi que vous répondiez, la personne en face vous dira :
« Oh, c'est chouette... Vous devez être trop contents ! »
Personne ne vous répondra :
« Ooooh, mes pauvres... Vous devez être sacrément déçus ! En tout cas, moi, à votre place, je le serais. »

N.-B. : Une étude totalement inventée par les auteurs montre que les femmes parfaites** ont toujours « le choix du roi », à savoir un garçon, puis une fille, c'est d'ailleurs à ça qu'on les reconnaît.

---

* Alors que c'est tout simple, si on veut un garçon il suffit de manger des têtes de pissenlit un soir d'orage en récitant la chanson *Lemon Tree* à l'envers.

** Entendez bien sûr « connasses ».

Le jeu des prénoms

Petit instant ludique offert par les auteurs : **« Le jeu des prénoms »**.
On vous donne des prénoms, vous nous dites s'ils ont été présentés à l'état civil :
(Cochez la bonne réponse.)

- **Zizi** *(oui, on commence fort)* OUI ☐ / NON ☐
- Batman OUI ☐ / NON ☐
- **Tuba** OUI ☐ / NON ☐
- Chiasse OUI ☐ / NON ☐
- **Boghosse** OUI ☐ / NON ☐
- Lampe OUI ☐ / NON ☐
- **Clitorine** OUI ☐ / NON ☐
- Merci Mireille OUI ☐ / NON ☐
- **Utérin** OUI ☐ / NON ☐
- Alkapone OUI ☐ / NON ☐
- **Barack Obama** OUI ☐ / NON ☐
- Louboutin OUI ☐ / NON ☐
- **Abstinence** OUI ☐ / NON ☐
- Labourgeoise OUI ☐ / NON ☐
- **Nutella** OUI ☐ / NON ☐
- Jiscadestin OUI ☐ / NON ☐
- **Kissmy** OUI ☐ / NON ☐
- Bruce-lee OUI ☐ / NON ☐
- **Tchoupi** OUI ☐ / NON ☐

Réponse : Ils existent tous. Si, si, vraiment.
Source : *L'Anti-guide des prénoms*, La Ligue des officiers d'état civil, First Éditions.

« J'ai envie de mouriiiirrrr ! »

Ce qu'on appelle plus communément « les hormones ».

La femme enceinte est irritable, c'est un fait, d'ailleurs l'entourage de la future maman adooore le lui faire remarquer et la faire passer en public pour une hystérique qui peut S'ÉNERVER POUR UN RIEN et redescendre tout aussi vite. L'entourage aime se jeter des regards complices et des « C'est les hormones... » + petits rires.

Mais posez-vous la question :

« QUI NE SERAIT PAS IRRITABLE AVEC UN ALIEN DE 3 KILOS DANS LE VENTRE ?! »

Même Sigourney Weaver a pu faire preuve d'une légère tendance à l'irritabilité à l'époque.

Un parasite qui suce notre vitalité, notre jeunesse, notre physique, notre intelligence, notre libido, notre patience, notre sommeil, etc.
Il a pris place dans notre corps pour grandir pendant 9 mois et s'en échapper ensuite en nous déchirant les entrailles... mais vous avez raison :

NOUS N'AVONS AUCUNE RAISON D'ÊTRE AUSSI IRRITABLES !

... à ne pas confondre avec l'envie de tuer

Lorsque vous serez à bout à cause des pleurs, des cris, du manque de sommeil, etc., la pire des pensées pourra vous traverser l'esprit...

Dans ce cas, la première chose à faire est de respirer profondément.
Vous verrez que vous assisterez à un **MIRACLE**.

Le seul et unique miracle qui existe en ce bas monde, celui qui vous empêche de jeter votre enfant par la fenêtre*.

En revanche, il existe une peur qui ne vous lâchera pas, celle que votre enfant cesse de respirer.

Que le parent qui n'a jamais réveillé son bébé en voulant s'assurer que celui-ci respire nous jette la première pierre.

Trucs et astuces de la rédaction :

Quand vous souhaitez vous assurer que votre enfant respire toujours, mettez votre main devant son nez pour sentir le petit air chaud ou regardez son ventre.
Vous pouvez également utiliser un petit morceau de sopalin pour voir s'il bouge ou placer un miroir sous son nez pour voir s'il y a de la buée.
Enfin, pensez à lécher votre doigt, avec l'humidité, on sent mieux l'air de la respiration du bébé.
(Trucs de mamans psychopathes, mais ici personne ne se juge.)

* Si ça vous arrive, lâchez tout ! Appelez une amie, quelqu'un de la famille, n'importe qui pour qu'il vienne s'occuper du bébé et sortez de chez vous. (Attention ! Quand on dit de tout lâcher, on ne parle pas du bébé.)

Règle n° 3

On évitera
de se tatouer
le prénom
de notre enfant
juste parce qu'on
n'est pas sûre
de s'en souvenir.

La théorie du « Laissez-moi m'asseoir, bordel ! »

Il existe des avantages à être enceinte (ils sont peu nombreux, mais il y en a).
Les auteurs, avec la grande objectivité qu'on leur connaît, en ont dénombré cinq :

- On n'a plus nos règles.
- On se fait chouchouter.
- On a de beaux cheveux/ongles/peau.
- On ne fait plus la queue dans les magasins.
- On ne reste plus debout dans les transports*.

> **PETITE MISE AU POINT :** À toutes celles qui n'osent pas demander de passer en priorité du fait de leur grossesse : N'HÉSITEZ PAS !
> Demandez-le en vous touchant le ventre et en les regardant dans les yeux, sinon vous risquez d'attendre longtemps avant qu'ils vous proposent de vous laisser passer.

Les 5 étapes du « Laissez-moi m'asseoir, bordel ! »

1. Vers le 3e mois : Vous vous cambrez légèrement pour attirer l'attention sur votre ventre rond.
2. Le 4e mois : Vous vous touchez le ventre avec un petit sourire timide.
3. Le 5e mois : Vous tentez un « Excusez-moi, ça ne vous embêterait pas trop de me laisser la place ? » avec un sourire poli.
4. Le 6e mois : Vous osez un « Pardon ! » sonore.
5. Le dernier mois : Vous lâchez les chiens : « PUTAIN MAIS DÉGAGEZ ! LAISSEZ-MOI M'ASSEOIR ! BORDEL ! » (Les yeux exorbités, les pieds gonflés et le dos en compote.)

---

* Petite pensée pour celles qui le font alors qu'elles ne sont pas enceintes : on vous a repérées... On l'a fait avant vous.

Quand t'es enceinte, t'es con

Enceinte, on découvre ce que certains nomment le « *baby brain* », à savoir le fait de se sentir diminuée intellectuellement pendant et après sa grossesse, notamment au niveau de la concentration.
Le cerveau reptilien prend le dessus sur les autres parties du cerveau et ça dure parfois plusieurs mois après l'accouchement.

En gros, le cerveau reptilien, c'est le cerveau responsable des instincts et des réflexes innés.

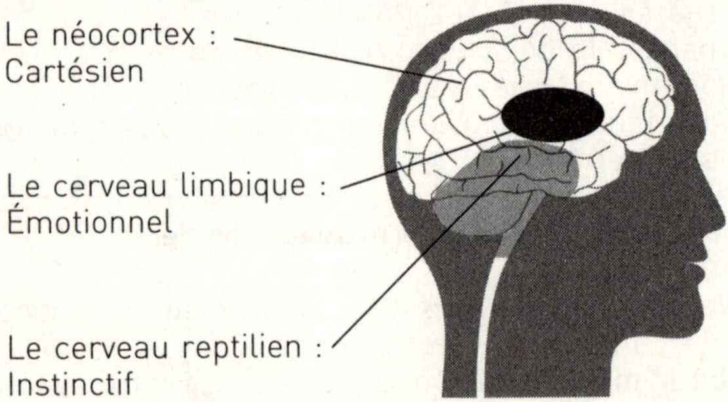

Même si certains réfutent cette théorie, nous ne pouvons ignorer les nombreux témoignages qui nous parviennent et qui tendent à prouver que :

**QUAND T'ES ENCEINTE,
T'ES TEUBÉ.**

« Moi. Vouloir. Viande rouge. »

« Tu as trop de chance d'être enceinte, tu vas pouvoir en profiter pour manger ce que tu veux. »

On a toutes entendu cette phrase et vu qu'on ne peut plus ni boire ni fumer, on se disait qu'on allait AU MOINS pouvoir manger pour deux tranquillou...

FAUX ! ARNAQUE TOTALE !

La vérité, c'est qu'on ne peut plus rien manger. Mais ça, personne ne nous le dit avant !

- Pas de viande crue.
- Pas de crustacés, tarama, etc.
- Pas de fromage non pasteurisé.
- Pas de crudités (au cas où elles seraient mal lavées).
- Pas de charcuterie, foie gras, etc.
- Pas de mayonnaise maison, ni de tiramisu ou de mousse au chocolat (pas d'aliment à base d'œuf cru).
- Pas de café.
- Pas de coca.
- Pas de graines germées.
- Pas de thon à cause du mercure.
- Pas de soja, etc.
- Et pour celles qui font du diabète gestationnel, plus le droit au moindre sucre.

En gros, c'est L'HORREUR.

Nous avons totalement conscience des risques que nous prenons à révéler tout cela, mais nous estimons que c'est notre devoir.

Nous comprendrons aisément que certaines lectrices, sachant cela, réfléchiront à deux fois avant de mettre le bébé en route.

Règle n° 4

On évitera
de claironner :
« Ce sera forcément
un intello »,
parce que
notre enfant
a touché un livre.

J'allaite si je veux !

L'allaitement est un sujet sensible. Tout le monde a son avis sur la question : les femmes qui allaitent, celles qui n'allaitent pas, les femmes qui n'ont pas d'enfants, les hommes…

« *Je n'en avais pas envie, mais c'est mon mari qui voulait absolument que j'allaite.* »

Ah, il veut absolument ?! Eh bien qu'il le fasse !

Un vieil adage dit : *« C'est celui-ci qui a le sein qui décide, les autres ferment leur bouche. »* *(Traduction un peu approximative, car directement tirée de l'araméen.)*

Comment allaiter ? Où allaiter ? Jusqu'à quand allaiter ? Personne n'a raison ou tort sur ces sujets.

« *Pardon, mais nous sommes au restaurant, vous ne pourriez pas allaiter aux toilettes, par exemple ?*

— ***Pourquoi je devrais me cacher ? Je ne vais pas nourrir mon enfant aux toilettes ! Vous aimez manger aux toilettes, vous ? Non, ben lui non plus ! »***

« *Pardon, mais nous sommes au restaurant, vous ne pourriez pas allaiter aux toilettes, par exemple ?*

— *Désolée mais non, c'est naturel d'allaiter !*

— ***C'est vrai, c'est naturel. C'est comme faire ses besoins, mais je vais m'abstenir de les faire au milieu du restaurant par respect pour les autres. »***

**PERSONNE N'IMPOSE SA VISION À L'AUTRE !
ON FAIT COMME ON LE RESSENT
ET ON RESPECTE LE CHOIX DE CHACUNE.**

Phrases de connasses qu'on entend quand on allaite

- « Tu es sûre que ton lait est assez riche ? Qu'il est de bonne qualité ? »
- **« Tu sais, ça ne sert à rien de l'allaiter 3 semaines, c'est encore plus frustrant pour lui. »**
- « Aujourd'hui, avec la pollution, ton lait est peut-être empoisonné. Tu veux empoisonner ton enfant, c'est ça ?! »
- **« Euh... Tu manges ça alors que tu allaites ?! »**
- « Aussi longtemps ? Tu es sûre que c'est pas mauvais pour lui ? »
- **« Ah, tu arrêtes juste parce que ça te fait mal ? Tu ne penses donc qu'à toi... »**
- « Tu allaites pour mincir plus vite, c'est ça ? »

Cependant, ne soyons pas paranoïaques.

NON, tout le monde ne chuchote pas derrière notre dos quand on allaite.
NON, nous ne sommes pas un peuple persécuté.
Certains se fichent même complètement de savoir ce qu'on fait de nos seins, et c'est tant mieux, car ça ne regarde que nous.

Phrases de connasses qu'on entend quand on n'allaite pas

- « Et donc tu ne vas pas la nourrir ? »
- **« Tu sais que selon les études, blabla blabla. »**
- « Le lait industriel, c'est un poison. C'est le lobby du lait qui nous fait croire que c'est bon ! »
- **« Tu ne vas pas l'allaiter ?! Et qu'en dit le père ? »**

  → *Pas de nichon, pas d'avis :)*
- « Tu sais que les enfants non allaités deviennent tous des psychopathes ?! C'est prouvé. »
- **« Tu sais que TOUS les problèmes qu'il aura dans la vie ne seront dû qu'au fait que tu ne l'as pas allaité ?! »**
- « Même pas la tétée d'accueil ??!! »

  → *Qu'est-ce que tu n'as pas compris dans le concept de ne pas allaiter ?!*

IMPORTANT

Pensez « SORORITÉ » ! Qu'on allaite ou non, nous devons toutes affronter les regards, les réflexions, etc. Alors, s'il vous plaît, essayons d'être bienveillantes les unes avec les autres*.
Câliiiiinnnn !

---

* Si vous n'y arrivez pas et que vous avez envie d'emplâtrer vos amis, évitez le sujet !

« J'ai pris 25 kilos... Et alors ?! »

Tout le monde a son avis sur la question, mais surtout, tout le monde se croit autorisé à nous parler de notre poids.

« Le bon poids, pour une grossesse, c'est 9 kilos. »

Pour qui ? Pour un chat ?!

« Je n'ai pris que 5 kilos, moi. »

Moi c'est ce que je prends l'hiver à cause des raclettes.

« Il ne faut pas manger pour deux. »

Je te rassure, cette tarte tatin, c'est seulement pour moi !

« Pensez au papa... »

***NO COMMENT* (restons calmes).**

Premièrement : J'ai arrêté de fumer, donc les 10 premiers kilos, ça compte pas.
Deuxièmement : Je vous rappelle que je ne bois plus, je ne fume plus, je ne sors plus. Manger est la seule chose qu'il me reste !
Troisièmement : Je n'ai aucune raison de me justifier, puisque c'est moi qui vais galérer à les perdre !
Quatrièmement : Il n'y a pas de quatrièmement.
ON N'A PAS À SE JUSTIFIER. POINT.

ATTENTION !

Règle n° 1 : Le poids annoncé par la jeune maman n'est pas celui qu'elle a réellement pris durant sa grossesse, mais celui qu'elle avait pris au moment où elle a décidé d'arrêter de se peser.

Règle n° 2 : Les deux dernières semaines, on ne se pèse plus. *(De toute façon, on ne voit plus la balance.)*

Et puis, il y a les mères parfaites... Celles qui disent :

« *Je suis sortie de l'hôpital, j'avais 2 kilos à perdre.* »

« *C'est bien simple, je rentrais de nouveau dans mon jean 36 la semaine d'après.* »

Alors que nous, on nous demande :
« C'est pour quand ? »

Je vous rappelle qu'on avait un être avoisinant les 3 kilos à l'intérieur du ventre, évidemment qu'on n'a pas un ventre plat après avoir accouché ! (Et on garde ce ventre un bon moment, c'est NORMAL !)

Celle qui sort de l'hôpital avec le « ventre plat » :

1. N'est pas humaine.

2. A de forts risques d'avoir une descente d'organes plus tard.

3. A accouché d'une huître (d'un bébé huître, même).

4. Croyait être enceinte, mais finalement elle était juste constipée.

5. Est une connasse.

Règle n° 5

Quand notre fils de
6 ans nous présente
fièrement son
dessin, on évitera
de lui répondre :
« Qu'est-ce que
tu n'as pas compris
dans le fait
de respecter
les perspectives ?! »

Le « Ohhh... Ça va ! »

Un seul de ces maux suffirait à nous donner le droit de nous plaindre, pourtant, certaines personnes se permettent encore des « Ohhh... Ça va ! »

Au début, on se justifie...
« Ohhh... Ça va, t'es pas malade non plus ! »
Merci de vous référer à la page 44.

« Ohhh... Ça va ! À l'époque, les femmes accouchaient seules à la maison. »
Oui, mais elles mouraient souvent en couches.

« Ohhh... Ça va ! Nos mères accouchaient sans tout ce tralala, elles ! »
C'est un mec qui hurle parce qu'il s'est coupé avec une feuille qui me dit ça ?!

Ensuite, on laisse dire...
« Ohhh... Ça va ! Dans certains pays, il n'y a pas de congés mat. »

« Ohhh... Ça va ! Tu restes sur ton canapé et t'es payée. »

« Ohhh... Ça va ! À l'époque, les femmes se débrouillaient toutes seules, sans les pères. »

Et enfin, on griffe...
« Ohhh... Ça va ! Avec la péridurale vous ne sentez plus rien. »
Tu es sûr de vouloir aller sur ce terrain ?! Tu es vraiment sûr ?!

Les livres sur la grossesse

Il existe beaucoup de livres sur la grossesse *(un de plus avec celui-ci me direz-vous)* mais la plupart d'entre eux nous culpabilisent*****.

- *Comment cuisiner équilibré pendant sa grossesse ?*
- *Quel sport faire pendant sa grossesse ?*
- *Comment se cultiver pendant sa grossesse ?*
- *Comment préparer l'accouchement ?*
- *Théories de l'éducation*, etc.

On adore acheter tous ces livres, mais la vérité c'est qu'**ON NE LES LIRA PAS**.

Déjà parce qu'on n'a aucune envie de faire du sport, ni de manger équilibré, mais surtout parce qu'on est incapable de lire plus de 4 lignes et demie sans nous endormir.

***** Le seul livre qui ne nous culpabilise pas, c'est celui-ci ! Et c'est d'ailleurs pour ça qu'on l'a écrit.

Bons pour un conseil

Dans leur grande générosité, les auteurs ont pensé aux futures maman en mettant en place un système de bons à découper.

Pensez à l'amélioration de la qualité de votre grossesse si les gens qui vous entourent n'avaient plus la possibilité de vous donner leur muuuultitude de conseils/remarques/reproches, etc.

Imaginez qu'ils n'aient droit qu'à un seul et unique conseil.

Bon pour un conseil
(ET UN SEUL)

de.............................

à.............................

durant sa grossesse.

Bon pour un conseil
(ET UN SEUL)

de.............................

à.............................

durant sa grossesse.

Ne nous dites pas merci, c'est bien normal !
On pense à vous, on est comme ça…
le cœur sur la main.

Si le bon n'est pas utilisé durant la grossesse, il pourra être utilisé, si les deux parties se mettent d'accord, durant les trois premiers mois de la vie de l'enfant.
Au-delà de cette date, il sera perdu pour toujours*.

Vous n'aurez le droit de me donner qu'un seul conseil durant toute ma grossesse.

Toute exception sera considérée comme un abus et aura pour conséquence de potentielles poursuites.

(Bon valable 9 mois)

Vous n'aurez le droit de me donner qu'un seul conseil durant toute ma grossesse.

Toute exception sera considérée comme un abus et aura pour conséquence de potentielles poursuites.

(Bon valable 9 mois)

* Depuis la mise en place de ces bons à découper, ce cas de figure n'est jamais arrivé.

Et pourquoi pas accoucher sur un cheval ?

Il y a une question étrange qu'on nous pose avant l'accouchement : « *Quel est votre projet de naissance ?* »

On nous conseille d'y réfléchir et de rédiger notre projet.

« Vous avez réfléchi à votre projet ? »

Ben, en fait... J'avais comme projet foufou de faire sortir le bébé que j'ai dans le ventre...

« Comment souhaitez-vous accoucher ? »

Qu'est-ce que j'en sais, moi ?! C'est à vous de me le dire !

« N'hésitez à dire aux sages-femmes si vous avez une demande particulière, étriers, barre d'accouchement*, coussins pour surélever... Si vous voulez accoucher sur le côté... »

Stop ! Stop ! Stop ! J'ai arrêté d'écouter à « étriers » !

« Par exemple à quatre pattes... »

Ouiiii ! À quatre pattes, j'en rêve depuis que je suis toute petite !

« Je ne sais pas, moi... Dans la forêt... Sur un cheval... »

JE N'AI TOUJOURS PAS COMPRIS CE QU'ILS VOULAIENT DIRE PAR « QUEL EST VOTRE PROJET ? » C'est limite flippant comme question ! C'est pas à moi de leur expliquer !

Vous vous démerdez comme vous voulez et vous me le faites sortir !

***** On ne peut pas vous en dire plus, on n'a toujours pas compris ce que c'était.

Si tu appelles ça les « petits maux de grossesse » encore une fois, je te griffe !

D'où vient cette tendance à tout minimiser quand il s'agit de femmes enceintes ?
À tout vouloir rendre mignon ?

> **« PETITS MAUX DE GROSSESSE »**
> est une expression à bannir d'urgence sous peine de voir toutes les femmes enceintes du monde, ou qui l'ont été un jour, vous maudire sur 7 générations.

NON ! Ce ne sont pas des petits maux tout mignons, ils nous pourrissent la vie pendant toute la grossesse.

Liste NON exhaustive des « petits maux de grossesse » :

- Quand tu as envie de vomir tout le temps mais que tu ne vomis pas.
- Quand tu vomis toutes les heures.
- Quand tu as toutes les veines de tes jambes qui pètent au point d'avoir les jambes bleues.
- Quand tu as ce qu'ils appellent « des petites remontées acides ». *(Erratum : Il s'agit en fait de lave brûlante qui remonte dans ton œsophage.)*
- Quand un alien de 3,5 kilos a décidé d'installer ses jambes sous tes côtes flottantes.

- Quand tu as l'anus tellement douloureux que tu ne peux plus t'asseoir, mais que tu ne peux pas en parler non plus…
- Quand tu as les pieds de Fiona dans *Shrek*.
- Quand tu te lèves avec des douleurs aux mains, aux poignets, que tu ne peux plus bouger les doigts.
- Quand tes gencives saignent au point d'avoir constamment le goût du sang dans la bouche.
- Quand tout ton corps te gratte au point d'avoir envie de t'arracher la peau.
- Quand tu ronfles comme… *(Choisir mot selon inspiration)*
- Quand tu souffres de sursalivation.
- Quand tu vas uriner toutes les 20 minutes.
- Quand tu vas uriner toutes les 10 minutes, le jour ET la nuit.
- Quand tu pètes sans pouvoir te contrôler, devant tout le monde, parce que…

… PARCE QUE TON CORPS NE T'APPARTIENT PLUS BORDEL ! ON DOIT LE DIRE COMMENT ?!

Nous précisons à toutes fins utiles que Marie-Aldine a accouché il y a quelques mois, donc elle est encore un peu à cran.
La maison d'édition et moi-même déclinons toute responsabilité quant au caractère anxiogène de ce chapitre.
Merci de votre compréhension.
Anne-Sophie

Vous l'aurez compris, hémorroïdes, gaz, maux de dos, mal aux seins, déprime, envie de se jeter par la fenêtre... Toutes ces choses font partie de cette magnifique aventure qu'est la grossesse.

Petit mot à la personne qui a utilisé les termes de « petits maux de grossesse » ou de « petits désagréments ».

**ON SAIT QUI TU ES !
ON VA TE RETROUVER !**

(Désolée, Marie-Aldine est devenue incontrôlable.)

LE PARADOXE DE SIMON*

Les trois premiers mois, il est préférable de garder le secret sur notre condition. On ne peut pas en parler autour de nous alors que c'est justement LE moment où on a le plus besoin d'en parler ! (Nausées, vomissements, questionnements, peur, etc.)

C'est ce qu'on appelle le paradoxe de Simon.

---

* En hommage à Simon dans *La Cité de la peur*, parce que quand il est content... il vomit.

Règle n° 6

Quand notre fils nous demande où est son doudou, on évitera de répondre : « Dans ton cul ! »

« Tu as fait ton baby blues ? » (comme si on te parlait de ta Bat Mitsva)

Après l'accouchement, nous sommes des boules d'émotions prêtes à exploser à chaque instant. À cause de la fatigue, de la chute des hormones, du bouleversement psychologique, 60 à 80 % des femmes qui viennent d'accoucher ont ce qu'on appelle le baby blues*.
Il survient en général 3 à 15 jours après l'accouchement et dure quelques jours.

En revanche, il existe ce qu'on appelle la dépression du post-partum :

- Extrême tristesse, culpabilité, colère
- Pleurs incontrôlables
- Insomnie ou hypersomnie
- Perte d'appétit ou suralimentation
- Fatigue, courbatures et douleurs du dos
- Angoisses irréalistes au sujet du nourrisson ou désintérêt pour lui
- Peur de la mort et/ou idées suicidaires
- Anxiété ou panique

Bon, en gros, tous les symptômes de la femme enceinte :/
Plus sérieusement :

ATTENTION !
Si ça dépasse 15 jours, c'est une dépression post-partum.
Il faut être très vigilant.
Le baby blues n'est pas une maladie, la dépression en est une.

* En cas de baby blues, câliiiiiiinnn.

Le « post-partum », le secret le mieux gardé au monde

On se prépare pendant 9 mois à l'accouchement, en revanche, on ne se prépare pas à ce qui se passe après l'accouchement, au « POST-PARTUM ».
Personne ne nous prévient que cette période est souvent la plus dure à vivre.

POURQUOI CE SECRET ? C'est pas comme si on avait le choix et qu'on pouvait décider de tout arrêter, qu'on allait faire machine arrière.

> « *Mouais... En fait non... J'ai plus envie. Ça m'amuse plus votre truc.* »

On va se dire les choses honnêtement : **c'est l'horreur**. On a les hormones en vrac, mal partout (comme si on était passée dans une moissonneuse batteuse*****), le ventre qui pend, des déchirures du vagin, des pertes de sang, etc. (On saigne pendant plusieurs jours/semaines après avoir accouché, personne ne nous le dit !)

ET LÀ, VOUS VOUS DITES QU'ON AURAIT DÛ CONTINUER À MENTIR À CE SUJET... ET VOUS AVEZ PEUT-ÊTRE RAISON.

Trucs et astuces de la rédaction
Pensez à piquer des « culottes filets » à l'hôpital. Impossible d'en trouver dans le commerce, alors que c'est la seule chose qu'on supporte. (Les culottes jetables, même en XL, on n'y rentre pas une cuisse.)

***** Les auteurs ne sont cependant jamais passées dans une vraie moissonneuse batteuse.

Règle n° 7

« J'ai dormi
comme un bébé. »
Tu veux dire
que tu t'es réveillé
toutes les 2 heures
et que tu t'es chié
dessus
à 3 heures du matin ?

Les jeunes parents, ces acheteurs compulsifs

On va pas se mentir, un bébé, c'est un PEL.

Il est loin le temps où il suffisait de quelques langes et d'un panier de paille pour accueillir le petit bout de chou. Un bébé, c'est un gouffre financier pour la simple et bonne raison que les parents sont incapables de se refréner. On achète tout et n'importe quoi !

- « *On ne pouvait pas ne pas acheter la poubelle autonettoyante et autostérilisante qui chante* Les Crocodiles *à chaque fois qu'on jette une couche. C'est indispensable !* »
- « *Je ne vois pas comment on pourrait se passer de ce coussin qui parle polonais, chinois et russe à l'oreille de notre bébé, il faut l'habituer aux langues étrangères dès le plus jeune âge, c'est prouvé.* »
- « *Il me faut absolument ce transat ! Il diffuse l'odeur du placenta de la mère pour rassurer le nouveau-né.* »

Ceux qui ont eu des enfants savent qu'ils n'utilisent rien de tout ça, mais il faut que les futurs parents passent par là, c'est inévitable.

En revanche, il n'est pas question qu'on paye pour ces conneries !

NE NOUS FORCEZ PAS À LES ACHETER EN LES METTANT SUR LES LISTES DE NAISSANCE.

MERCI PAR AVANCE.

« À vot' bon cœur messieurs dames »

Ce qui est formidable quand on vient d'accoucher, c'est que les personnes de notre entourage couvrent ce petit bout de cadeaux en revanche on se retrouve souvent avec 8 doudous, 10 pyjamas de naissance (alors que le bébé ne rentre déjà plus dedans) et 12 petites paires de chaussures (trop mignonnes mais qu'il ne mettra jamais puisqu'un bébé ne porte pas de chaussures*).
D'où la création d'une liste de naissance.

> **INTERVENTION.** À l'instar de la liste de mariage, il est interdit de ne mettre que des choses hors de prix dans cette liste.

On évitera donc :

- De l'envoyer à des gens qu'on a vu qu'une seule fois.
- De la poster sur Facebook (sauf si on n'a que notre entourage proche en amis Facebook).
- D'y mettre un appareil photo pour « capturer les plus beaux moments de notre petit ange ». (Vous êtes sérieux ?!)
- D'y mettre une paire de Louboutin. (Quoi ?! On n'a pas le droit de chouchouter la maman ?!)

> **IL EST INTERDIT D'AVOIR RECOURS À UN SITE PARTICIPATIF POUR UN PROJET D'ENFANT !**
>
> « *Martin et Valérie ont comme projet fou de donner naissance à un petit bout.*
> *Aidons-les à réaliser leur rêve en participant à leur projet.*
> *— À partir de 30 euros de participation, vous recevrez une photo du bébé.*
> *— À partir de 200 euros, vous recevrez une petite vidéo.*
> *— À partir de 500 euros, vous recevrez un moule de son pied, ainsi qu'une mèche de ses cheveux.*
> *— À partir de 20 000 euros, on vous met un de ses petits de côté.* »

---

* En même temps, qu'est-ce qu'il y a de plus mignon qu'une petite paire de Vans ?

Règle n° 8

On ne touche pas
le ventre d'une femme
enceinte sans son
consentement.

En fait, on ne touche
personne sans son
consentement.

« Tu veux voir une photo de son caca ? »

Quand on vient de devenir mère, l'une des premières choses qui changent, c'est notre rapport à la pudeur.

Quand on n'a pas eu d'enfants :
« J'ai pris rendez-vous chez un nouveau gynécologue, je ne le connais pas, je suis un peu gênée... »

Quand on a eu un enfant :
(à un mec qui passe dans le couloir de l'hôpital)
« Excusez-moi monsieur ! Vous pourriez jeter un coup d'œil à mon trou du cul ? Il me faut absolument un truc contre les hémorroïdes ! C'est urgent ! »

Notre rapport aux selles change (déjà, on utilise le mot « selles »).

À présent, on en parle TOUT LE TEMPS.
On parle CACA.
On pense CACA.
On s'envoie des photos de CACA.

Il nous arrive même de demander aux autres parents à quoi ressemble le caca de leurs enfants.

Au sein du couple :

- *« Comment était son caca aujourd'hui ? De quelle couleur exactement ? »*
- *« Quand tu dis vert, c'est vert, vert ? Ou vert avec des petits points jaunes ? »*
- *« Je le trouve un peu foncé, regarde la photo et dis-moi... »*
- *« Je sais pas, mais je trouve qu'il ne sent pas comme d'habitude... Vas-y, sens, dis-moi... »*

Avec les autres personnes :

- *« Ah, j'en connais une qui profite d'être dans les bras de tata pour faire caca ! »*
- *« Ralala, il n'a pas fait caca aujourd'hui, ça me fait souci. »*
- *« Je voyais que Tabatha avait du mal à faire, alors j'ai mis la main dedans pour aller chercher sa crotte. »*
- *« Mathis a fait des petites boules aujourd'hui, comme des crottes de lapin. »*

STOP !

Notre rapport au caca a changé, mais ce n'est pas le cas de notre entourage. Il ne veut pas savoir comment est le caca de notre enfant ! Il s'en fout et/ou ça le dégoûte.

Règle n° 9

Vous ne serez plus jamais à l'heure.

La carrière ? Quelle carrière ?!

Lors d'un entretien, il est strictement interdit à un employeur de demander à une femme si elle compte avoir un enfant dans un avenir proche, mais arrivé à un certain âge, la réalité est toute autre...

Phrases entendues dans le cadre professionnel :
« Vous avez quel âge ? Et vous comptez avoir des enfants ? »
« Nous n'embauchons pas de femmes entre 35 et 42 ans, trop risqué. »
« Ça en fait 3 qui m'annoncent leurs grossesses, je n'embauche plus de poules pondeuses, moi ! »

Et quand on annonce notre grossesse :
« Moi qui te faisais confiance, je suis déçue. »
« Félicitations ! En revanche, tu comprends qu'on ne va plus pouvoir te donner les gros clients comme avant. »
« Éric reprend ton secteur, il ne faudrait pas que tu te fatigues... »
« Tu as fait un travail formidable, mais la saison prochaine, on va faire différemment... »
« On a pensé que c'était mieux pour toi de te mettre sur des dossiers plus en lien avec tes nouvelles aspirations de maman. »

Les auteurs étant très agacées en écrivant ce chapitre, elles ont décidé de faire une pause et d'aller boire un verre de chardonnay. On se retrouve donc page suivante.

Il faudrait savoir !

Lorsqu'on est parent, les gens adorent nous donner des conseils. Le problème, c'est que sur un même thème, les avis divergent.
Amis, famille, professionnels, articles de presse, on nous dit tout et son contraire.

La position pour dormir :

- *« Il faut le faire dormir sur le ventre, sinon il peut s'étouffer avec son vomi. »*
- *« Évidemment qu'il faut le faire dormir sur le dos, sinon il peut s'étouffer. »*
- *« Il faut le faire dormir sur le côté, sinon il va avoir la tête plate. »*

La sucette :

- *« Ce pauvre bébé a besoin de succion, tu devrais lui donner une sucette. »*
- *« Tu lui donnes une sucette ?! Mais tu es folle, il va avoir le palais déformé. »*
- *« Aïe ! Il suce son pouce, ça va être l'horreur pour qu'il arrête, tu devrais lui donner la sucette. »*

L'étouffement :

- *« Il faut un tour de lit, sinon il va se cogner contre les barreaux. »*
- *« Ne mettez rien dans son lit, malheureuse, il risque de s'étouffer ! »*
- *« Il faut qu'il dorme avec un doudou. »*
- *« Quoi ?! Un doudou ?! Mais vous êtes folle ! Il peut s'étouffer avec ! »*
- *« Il faut qu'il soit bien serré au chaud pour lui rappeler le ventre de sa mère. »*
- *« Il faut surtout ne rien mettre autour de lui, il risque de s'étouffer ! »*

« Mais c'est un bébé ! Il faut le baigner TOUS les jours ! »

« Mais c'est un bébé ! Il ne faut surtout PAS le baigner tous les jours ! »

« Un bébé ne mange pas trop, il s'autorégule. »

« Il faut réduire les biberons, il est bien au-dessus des courbes ! »

« Il doit absolument porter des bottines en cuir pour apprendre à marcher. »

« Pour apprendre à marcher, il n'y a rien de mieux que les pieds nus ! »

« Contre le rhume, il faut mettre un oignon coupé à côté de son lit. »

« Surtout ne pas approcher un oignon d'un enfant, il en a peur ! »
« À moins que ce ne soit l'ail... »
« À moins que ce ne soient les vampires... »
« Raaa, je confonds toujours. »

« Il faut absolument le laisser pleurer, il en a besoin et il doit apprendre à se rendormir seul. »

« Il ne faut pas le laisser pleurer, il faut absolument le réconforter tout de suite, sinon il risque d'être traumatisé À VIE !! »

QUESTION :
Comment fait-on pour s'y retrouver parmi tout ça ?
RÉPONSE :
On fait comme on peut. De toute façon, sa future psy nous expliquera qu'on a mal fait.

Règle n° 10

« On a pris un chien » n'est pas une bonne réponse à la question : « Vous voulez des enfants, avec Cyril ? »

Le paradoxe du selfie

La grossesse et la naissance d'un enfant sont des moments privilégiés qu'on veut immortaliser.

La première photo après l'accouchement :

- La mère parfaite a encore un brushing impeccable.

On a le poil collé.

- La mère parfaite fait une story avec des oreilles de chat en direct de son lit.

***On sourit péniblement, mais on ressemble à la petite fille dans* L'Exorciste.**

- La mère parfaite est fraîche et maquillée.

On a un morceau de placenta sur la joue.

LE PARADOXE DU SELFIE

Quoi qu'on fasse, la plus belle photo de nous sera celle où l'on aura des cernes, la bouche sèche, le cheveu collé et où l'on ressemblera à GOLLUM... Parce qu'on porte dans nos bras pour la première fois une petite chose fripée, violette, les yeux mi-clos, et qui a le visage recouvert de matière visqueuse.
(Et un petit bonnet beige dégueulasse alors qu'on a des bonnets adorables qui nous ont coûté une blinde dans notre valise de maternité.)
Il n'empêche que ces deux êtres imparfaits sont la plus belle chose au monde.

INTERVENTION

Concernant une éventuelle vidéo de l'accouchement :
Il n'y a pas et il n'y aura pas de vidéo de l'accouchement. Est-ce que c'est bien clair ?! Le sujet est clos. Même pas envie de développer.

Faut que ça sorte !

Après moult discussions, nous avons décidé de ne pas nous étendre sur le sujet de l'accouchement en tant que tel. On a lu, entendu, dit TROP de choses, donc :
STOP !
Nous, on voulait juste faire la respiration du petit chien comme dans les films ! (Même si ça ne se fait plus depuis des années, apparemment...)

La phase d'expulsion du bébé dure à peu près 20 minutes, donc pensez à bien respirer et dites-vous que quoi qu'il arrive, le bébé sortira. COURAGE !!

Faire caca en accouchant* :

Outre la peur et la douleur, les femmes qui accouchent ont peur de faire caca pendant l'accouchement. Partagées entre honte et dégoût, toutes les futures mamans y pensent.
Il faut savoir que la majorité des mamans le font. On sollicite les mêmes muscles en évacuant les selles qu'en accouchant, c'est donc tout à fait normal ! Les sages-femmes ont l'habitude et elles nettoient très discrètement pour ne pas mettre les mères mal à l'aise.

VOUS VENEZ DE FAIRE SORTIR UN ÊTRE HUMAIN DE VOTRE CORPS, DONC LE RESTE, ON S'EN FOUT.

* Notre éditeur nous signale qu'on parle beaucoup de caca. (En même temps, il se plaint toujours. Dans les premiers opus, il nous accusait d'utiliser trop souvent le terme « bite », comme quoi, nos préoccupations ont changé.)

Règle n° 11

Quand on nous demande ce qu'on écoute en ce moment, on évitera de répondre : « *Tchoupi*, le musical ».

« Quoi ? Tu ne laves pas tes couches ?! »

Passer des heures à préparer des compotes et des purées avec des légumes bio, fabriquer sa propre lessive, son déodorant, faire son pain soi-même, mais aussi allaiter à la demande et laver ces putain de couches...

C'est formidable de faire en sorte de protéger nos enfants et, par là même, de protéger la planète, mais cela ne doit pas se faire au détriment de la condition des femmes !

Nos mères se sont libérées de ces contraintes pour accéder au monde du travail ou tout simplement pour s'épanouir et nous assistons à un grand retour en arrière.

- *« Je ne comprends pas pourquoi tu ne le fais pas toi-même, c'est bête comme chou, c'est 5 minutes au Magimix toutes les deux heures pendant 3 jours ! »*
- *« Je lave les cheveux de Myosotis à la Maïzena, ça aspire le sébum, c'est beaucoup plus naturel. »*
- *« Quoi ?! Tu utilises une lingette ? Alors que c'est si simple d'utiliser un peu de ouate avec de l'eau de seltz un peu tiède. »*
- *« Tu devrais aller au lavoir avec les autres femmes du village, c'est très convivial. »*

P.-S. : On a organisé un gros apéro au lavoir, pensez à prendre vos sabots, ça va danser le menuet.

Bons à découper

Qu'on ait des enfants ou non, certaines personnes ont tendance à nous prendre pour leur nounou.

- *« Alors bizarrement, je n'avais pas prévu de garder ton fils le soir du nouvel an... »*
- *« Tu n'es pas non plus obligé de me déposer ta fille cet après-midi sous prétexte qu'"un de plus ou un de moins"... »*

Mais parce qu'il n'est pas toujours aisé de dire non et parce qu'on n'est pas contre garder les enfants des autres de temps en temps, nous avons établi ces bons à découper.

Bon pour un gardiennage gratuit

de...............................

par...............................

Bon pour un gardiennage gratuit

de...............................

par...............................

Offre soumise à conditions, selon les places disponibles.

Ce bon vous est offert en vue de limiter les gardiennages intempestifs et impromptus.
Il est valable 3 mois* à partir du

....

* Hors veilles de jours fériés.
Il est impératif de prévenir au moins 3 jours à l'avance pour les week-ends.
Il est possible de prévenir au dernier moment en semaine.

Ce bon vous est offert en vue de limiter les gardiennages intempestifs et impromptus.
Il est valable 3 mois* à partir du

....

* Hors veilles de jours fériés.
Il est impératif de prévenir au moins 3 jours à l'avance pour les week-ends.
Il est possible de prévenir au dernier moment en semaine.

L'enfant, ce nid à microbes

Quand un enfant naît, on ne pense qu'à une chose, le protéger des microbes.

Quand vous tenez son bébé dans vos bras, sachez qu'une mère ne vous écoute plus, elle n'est plus là, elle est obnubilée par une seule chose : est-ce que vous vous êtes bien lavé les mains* ?!

On passe les premières semaines de sa vie à tout désinfecter, on a même acheté des litres de gels antibactériens, antifongiques, antiviraux, etc., et des appareils à stériliser tout et n'importe quoi.

Puis vient le temps de la socialisation :

« Non, Liam, la sucette que tu as dans la bouche n'est pas à toi, elle est à cette petite fille… celle avec les boutons rouges sur le visage… »

« C'est rigolo le bac à sable, mon cœur ? Tu as quoi dans la main ? Lâche cette souris ! Tu vois bien qu'elle est morte ! »

« Margaux, qu'est-ce que tu manges ?! C'est une patte que je vois dépasser de ta bouche ? »

Les semaines/mois passent et on se rend compte que le porteur de microbes, c'est notre enfant !

Gardez en tête que la qualité première de l'enfant est qu'il est partageur. Quand il est malade, il adoooore partager avec les autres enfants, mais aussi avec vous.
Les rhinites, les bronchites, les poux, il y en aura pour tous les goûts !

---

* Vous n'imaginez pas l'effort que ça demande à une mère quand tonton Jacky fait un groooooos bisou à son petit bébé. Si elle se laissait aller, elle lui arracherait son bébé des bras, lui cracherait au visage et maudirait sa descendance sur 7 générations.

Règle n° 12

On arrêtera de piocher dans la tirelire de notre enfant en se promettant qu'on lui remettra.

« Je ne crois pas qu'il y ait de bonne ou de mauvaise situation... »

Mise en situation : Vous vous baladez dans un centre commercial avec votre enfant qui, sans crier gare, décide de piquer une crise et de se rouler par terre en hurlant.

Notre premier réflexe est de juger ces mères aux enfants capricieux. Booouuuh les mauvaises mères ! « *Shame on you* », comme dirait la philosophe. Elles n'ont aucune autorité ! C'est une honte !
Jusqu'à ce que ça nous arrive. À ce moment-là, deux choix s'offrent à nous.

1. Céder à son caprice au supermarché = mère faible, qui passe tout à son enfant.
2. Ne pas céder à son caprice = mère cruelle, limite tortionnaire.

Pour info, aucun des deux choix n'est le bon. Nous sommes prises au piège.
Et oubliez la fessée ! Vous risquez d'être dénoncée puisqu'elle est considérée à présent comme un châtiment corporel et, par conséquent, interdite par la loi*.

Une seule solution :
Continuez à avancer et faites semblant que ce n'est pas votre enfant.

---

* Nous optons pour une petite fessée discrète, mais nous nierons avoir eu cette discussion avec vous si nous sommes interrogées**.

** On ne s'est jamais vues.

Quand on croit être une mère indigne...

- Quand on lui fait faire la vaisselle à notre place.
- **Quand on lui met un dessin animé pour avoir la paix.**
- Quand on lui donne à manger du citron juste pour qu'il fasse des grimaces.
- **Quand on a peur qu'il voie qu'on est un peu saoule.**
- Quand on le punit, mais qu'on n'est pas vraiment sûre que c'est lui qui a fait le coup.
- **Quand on lui coupe les cheveux nous-même et qu'il ressemble à un Playmobil.**
- Quand on saute deux ou trois pages pendant l'histoire du soir pour que ça aille plus vite.
- **Quand on mange ses biscuits au chocolat pour le goûter et qu'on lui laisse les galettes de riz.**
- Quand on lui répond : « Tu comprendras quand tu seras plus grand », parce qu'on a la flemme de lui expliquer.
- **Quand on fait semblant de ne pas l'entendre pleurer.**

... on est juste une mère

- Quand on fait une boulimie et qu'on mange tous leurs bonbons d'Halloween.
- **Quand on laisse sa fille aller à l'école en bottes de pluie et en robe de princesse parce qu'on a trop de lessive en retard.**
- Quand, au mois de juin, on nous demande notre carte d'identité à l'école de notre fils parce qu'on ne nous a jamais vue avant.
- **Quand on apporte un cake Papy Brossard plutôt qu'une tarte maison à l'école.**
- Quand on refuse catégoriquement de le laisser gagner.
- **Quand on rate le spectacle de claquettes de son fils.** ***(Spéciale dédicace <3)***
- Quand on coupe les pieds du pyjama de notre enfant quand il lui va trop petit.
- **Quand notre enfant vomit parce qu'on lui a donné un peu trop de trucs à manger pour avoir la paix.**
- Quand on refuse d'utiliser le mouche-bébé parce qu'on a peur d'aspirer de la morve.
- **Quand on ne lui achète pas de cadeaux à Noël quand il est petit parce qu'il ne s'en souviendra pas.**
- Quand on dit à tout le monde que notre enfant est tombé par terre alors que c'est nous qui l'avons cogné sans faire exprès.

« Les cro-cro-cro, les cro-cro-cro, les cro-codiles... »

Vous aimiez lire ? Aller au cinéma ? Écouter de la musique ?
OUBLIEZ TOUT ÇA ! C'EST FINI ! Vous êtes mère à présent, alors sachez que votre vie culturelle ne sera plus jamais la même, elle se résumera :

Au dernier film que vous avez vu au cinéma : *La Reine des neiges 2*.

À la chanson que vous écoutez en boucle en ce moment : *Les Crocodiles*.

À votre héroïne de livre préférée : la petite poule rousse...

Vous pensiez avoir fait fort en ayant vu 22 fois *Moulin Rouge* et 18 fois *Love Actually* ?! Hahaha ! Petites joueuses !
Votre enfant sera capable de regarder 120 fois *Le Monde de Nemo* !
Pour la simple et bonne raison que l'enfant est par définition monomaniaque.

Même des années plus tard, beaucoup de parents ont encore des frissons quand résonnent les premières notes de « *Libérée, délivrée* »... (même si nous, on l'adore)
D'ailleurs, l'interprète elle-même a présenté ses excuses.

Témoignage :
« Je me souviens qu'une fois, mes filles ont chanté Une souris verte *pendant 5h41, sans s'arrêter. L'équivalent d'un trajet Lodève-Saint Martin d'Estreaux. »*
(Sylvie, mère des auteurs de ce livre)

Règle n° 13

On évitera
de s'avancer :
« Je vais coucher
les enfants... J'en ai
pour "entre 10 et
246 minutes." »

« Je ne veux pas d'enfants »

Toutes les femmes ne veulent pas forcément avoir des enfants.
Il est important que nous acceptions ça et que nous arrêtions de leur mettre la pression.

Liste non exhaustive des raisons de ne pas avoir d'enfants :
- Parce que ce n'est pas notre truc.
- Parce qu'on n'a pas envie d'être enceinte.
- Parce qu'on aime notre vie sociale.
- Parce qu'on aime notre carrière.
- Parce qu'on n'a pas trouvé la personne avec qui on est prête à tenter l'aventure.
- Parce qu'on aime dormir.
- Parce qu'on aime avoir une belle maison, bien rangée.
- Parce qu'on aime avoir des relations sexuelles de qualité.
- Parce qu'on aime notre vie comme elle est.
- Parce que la terre est en train de mourir à cause de la surpopulation, de la pollution et du réchauffement climatique.

**Ou tout simplement parce qu'on n'a pas envie.
Ah oui ! Et aussi parce que ça nous regarde.**

Petit conseil à destination des femmes à qui on répète : « *Tu risques de le regretter un jour* », vous pouvez toujours répondre : « *Il y a des chances que je le regrette un jour, mais le temps que ça arrive, les tiens seront grands et seront en âge de te détester.* »

Pour résumer :
Il y a des femmes qui ne veulent pas d'enfants.
Il y a des femmes qui ne savent pas si elles en veulent ou non.
Il y a des femmes qui ne veulent pas d'enfants, avec lui ou avec elle.
Pas maintenant.
Pas comme ça.
Il y a aussi celles qui ont peur de regretter si elles en ont.
Celles qui vont en avoir alors qu'elles n'en veulent pas parce qu'on leur dit que, sinon, elles vont le regretter.
Et surtout, il y a toutes celles qui en ont marre d'avoir à se justifier.

Alors, on garde nos questions pour nous.
On garde nos conseils pour nous.
On garde nos pressions pour nous.

Et on leur fout la paix !!

Merci pour elles.
La rédaction

Règle n° 14

On évitera de dire en montrant une échographie : « Chéri, regarde comme notre fils était sage et gentil à cette époque. »

La mère parfaite en confinement

En mars 2020 nous avons vécu notre premier « confinement ». Dès lors, nous avons mis en place une routine familiale. Nous vous présentons ici une journée type.

- 7h : *Lever et salutation au soleil*
- 8h : *École*
- 10h : *Yoga*
- 11h : *Langues étrangères*
- 12h : *Atelier cuisine avec les enfants*
- 12h30 : *Déjeuner en famille*
- 13h : *Temps calme lecture*
- 14h : *Activités de stimulation sensorielle*
- 15h : *Jardinage et arts plastiques*
- 16h : *Rangement des placards selon la méthode Marie Kondo*
- 17h : *Cours de musique (ou visite virtuelle d'un musée)*
- 18h : *Skype avec famille et amis*
- 18h30 : *Méditation et formation bol de cristal*
- 19h : *Dîner en famille et discussion autour de nos sentiments respectifs*
- 20h : *Lecture des actualités vérifiées sur internet*
- 20h30 : *Coucher des enfants*
- 20h34 : *Les enfants dorment*
- 20h35 : *Visionnage d'un film sur le site de l'INA*
- 22h00 : *Coucher*

HAHAHA ! ON DÉCONNE ! ON L'A PASSÉ COMME VOUS, SUR LE CANAP' DEVANT NETFLIX ET L'ÂNE TROTRO.

Je crois que mon enfant est con

Nous avions placé tellement d'espoir en lui/elle et puis, c'est le choc !
Il faut se rendre à l'évidence, notre fils est con. C'est un constat douloureux à faire, mais dites-vous bien que ce n'est pas notre faute, c'est comme ça, il arrive que ça saute une génération.

Quand on voit le nombre de cons qui existent, il faut bien se dire que ces cons-là ont une maman. Nous sommes la maman d'un con, voilà tout !

Liste des signes qui auraient dû nous mettre la puce à l'oreille dès l'adolescence :

- Il s'est coincé une cacahuète dans le nez… 17 fois de suite.
- **Il veut faire de la téléréalité.**
- Il est complotiste.
- **Il s'est fait tatouer une feuille de cannabis sur le front *(parce que c'est grave un rebelle).***
- Il écrit « Sa va ?! ».
- **Il pense que « Les filles en jupe, elles se respectent pas ».**
- Il pense qu'il va mourir s'il ne répond pas à une « chaîne de l'amitié ».
- **Il est « fan » du Che Guevara (surtout son dernier album).**

- Il a fait circuler des photos de sa petite copine en soutien-gorge, mais « Ça va, c'était pour rigoler ! ».
- **Il s'est rapproché d'un groupuscule identitaire.** ***(Il n'aurait pas pu être gothique, comme tous les ados ?!)***
- Il veut arrêter les études parce que « Ça va ! De toute façon, ça sert à rien les diplômes ! » *(Grognement typique de l'adolescent con.)*
- **Il s'obstine à faire des jeux de mots ou à prendre un accent quand il fait des blagues.** ***(Il fait des blagues.)***
- Il est tombé amoureux d'une connasse.
- **Il reposte des fake news sur Internet parce que « On nous ment, t'as vu ».**
- Il pense que Instagram, c'est la vraie vie.
- **Il pense que le radiateur est son meilleur ami.**
- Il veut être joueur professionnel de bâton du diable plus tard.
- **Il pense avoir inventé l'eau tiède.** ***(Mais vraiment, en mélangeant de l'eau chaude et de l'eau froide.)***

Petite astuce

Si votre enfant s'avère être con,
n'hésitez pas à faire endosser la responsabilité
à son père :
« Ça vient forcément de ton côté de la famille. Fallait s'y attendre, quand on voit ta sœur... »

Règle n° 15

On évitera de penser qu'on est des reines de l'éducation parce qu'on regarde *Super Nanny*.

Les enfants, ces ingrats...

On investit du temps, de l'énergie, on met tous nos espoirs en eux... Et puis, RIEN.

Vous aimez vos enfants ? Vous êtes prête à tout pour eux ? Quitte à vous sacrifier ?
Un conseil, n'en faites pas trop, vous allez être déçue.
En gros, vos enfants finiront par vous détester.
Quoi que vous fassiez, ils vous le reprocheront.

N'espérez aucun retour sur investissement.

Plus vite vous aurez accepté ce postulat de départ et plus vite vous pourrez profiter sereinement de votre maternité.

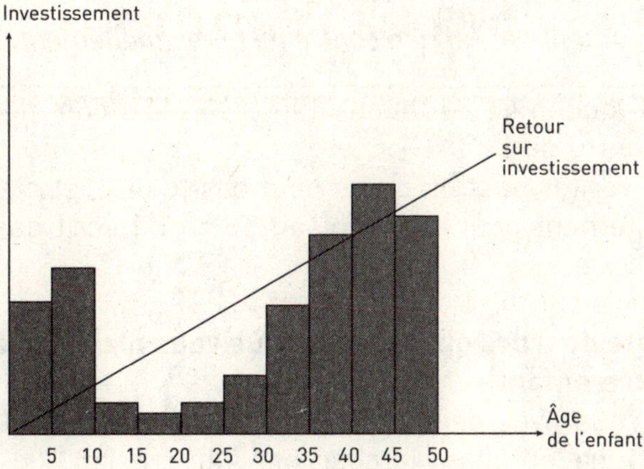

Comment savoir qu'on n'aime pas ses enfants ?

Eh oui, ça arrive, qu'est-ce que vous voulez qu'on vous dise... D'où l'intérêt d'en avoir plusieurs. En théorie, l'amour maternel serait immédiat, inconditionnel, indéfectible, **mais en pratique, il faut se rendre à l'évidence, parfois, on ne peut pas le saquer, notre enfant.**

« Je ne dis pas que je n'aime pas mon enfant, mais si c'était à refaire... »

« Avoir un enfant, c'est quand même très décevant. »

« Attention, j'ai rien contre lui personnellement... »

On touche ici au tabou ultime : « Mais comment peux-tu dire ça ?! »
La vérité, c'est qu'on ne peut pas le dire, et c'est justement pour cette raison qu'on l'a écrit dans ce livre.

Liste de trucs qui prouvent que vous n'aimez pas votre enfant :
- Vous avez déjà essayé de l'échanger avec un autre en allant le chercher à la crèche.
- **Vous l'obligez à jouer du triangle dans un orchestre.**
- Vous oubliez toujours son prénom.

- **Vous l'habillez en orange.**
- Vous lui avez donné un surnom composé de la première syllabe de son prénom, multiplié par deux *(Toto, Mémé, Caca…)*.
- **Vous avez arrêté de le suivre sur les réseaux sociaux.**
- Vous n'allez pas à son anniversaire.
- **Vous vous êtes fait tatouer le prénom de ses frères et sœurs mais pas le sien *(exprès)*.**
- C'est son frère sur votre photo de profil Insta.
- **Vous lui avez fait la coupe au bol.**
- Vous lui laissez toujours payer l'addition *(il a 7 ans)*.
- **Vous l'avez abandonné dans un supermarché une fois *(OK, plusieurs fois)*.**
- Vous lui faites faire de la téléréalité.
- **Vous l'avez inscrit au twirling bâton*.**
- Vous lui faites porter une cagoule.

> *« Chéri, je sens qu'il y a un de nos enfants que tu aimes moins que les autres.*
> *— N'importe quoi ! Ce serait lequel, selon toi ? Julien ? Mathieu ? L'autre ? »*

* On vous entend déjà dire : « Mais qu'est-ce que vous avez avec le twirling bâton ? », mais nous considérons que nous n'avons pas besoin de nous justifier.

Règle n° 16

Quand nos enfants
essaient de nous aider,
on évitera de répondre
systématiquement :
« Non, pas comme ça !
Pousse-toi,
je vais le faire ! »

(Et ça marche aussi
pour notre mec.)

Merci maman

Chère maman,
Nous profitons de ce moment pour te dire merci, merci pour tout.
Apprendre que tu allais devenir mère à 16 ans, mère de jumelles qui plus est, comment as-tu fait ?!
Ça reste un mystère... Alors, on t'écrit ce texte pour te dire MERCI.
*MERCI d'avoir toujours été là pour nous**.
MERCI pour ton amour, pour ta patience, pour ton humour et ta légèreté.
MERCI de nous avoir fait penser que tout était possible, qu'on avait le droit d'être ce qu'on voulait.
Merci pour ta liberté.
Et PARDON. Pardon de ne pas nous être toujours rendu compte à quel point c'était difficile.
À présent que c'est notre tour, on en prend enfin conscience.
PARDON aussi d'avoir été un peu pénibles parfois (enfin, surtout Marie-Aldine) (enfin, surtout Anne-Sophie) (= dispute de jumelles).

Nous sommes conscientes que vu que tu t'es mise à pleurer dès la première ligne (on te connaît, c'est de famille), il y a de fortes chances que tu mettes un petit moment à finir ce texte. On propose donc à nos lectrices de profiter de cette pause pour passer un petit coup de fil à leur maman, juste pour leur dire : « Merci ».
Allez-y. On vous attend.

---

* Et bien sûr, merci aussi papa. Si on écrit un jour *Le père parfait est une connasse*, tu auras ta lettre aussi, mais, en attendant, maman partage un peu de la sienne. On t'aime, bisous.

Mon enfant est moche

Selon une étude britannique, 20 % des mamans avouent que leur enfant est moche.

Sachez que ces femmes ont toute notre admiration, car il faut faire preuve d'une sacré lucidité pour l'admettre. Combien d'entre nous trouvent leurs enfants magnifiques et puis, quelques mois plus tard, tombent sur des photos d'eux bébés, et là… c'est le choc !

Notre bébé ressemblait à Laurent Fabius et on ne nous a rien dit ?!

Pourtant, en y repensant, certains ont essayé de nous prévenir : les sourires gênés, les changements de sujets, les filtres qu'ils rajoutaient sur les photos…

Il nous ont caché la triste vérité, mais ils ont bien fait !

On ne dit pas à une maman que son enfant est moche. Même en sous-entendu.
On prend sur soi, on sourit, on fait diversion*.
On parle de son joli petit pyjama, de la superbe mine de la maman, de la qualité du personnel hospitalier, de ce qu'on veut, mais

ON PREND SUR SOI ! C'EST CLAIR ?!

---

* Voir « Comment réagir devant un bébé laid ? », *La femme parfaite est une connasse !* Vol. 1.

Pour les 20 % des femmes qui sont conscientes que leur bébé n'est pas vraiment un canon de beauté, un petit conseil judicieux :

Lorsque que vous présentez votre enfant pour la première fois à vos amis, n'hésitez pas à lui mettre un petit chapeau pour faire diversion.
Personne ne peut résister à un petit bonnet avec des oreilles de chat.

Pour les photos, pensez à envoyer uniquement une photo de son petit pied.
Et surtout, gardez en tête que rien n'est jamais perdu, la roue tourne.

THÉORIE DE L'ENFANT MOCHE QUI SERA BEAU PLUS TARD

On ne sait pas vraiment si on a inventé cette théorie pour nous rassurer, mais elle est quand même bien pratique quand on va rendre visite à des amis à la maternité.

« *Haaaaa, t'as de la chance ! Parce que, très souvent, les beaux bébés font des adultes moches.* »

« *Moi, j'ai une copine qui a eu un bébé très beau, eh ben elle avait les boules !* »

« *T'as trop de chance, il va développer plein d'autres qualités, comme l'humour, par exemple.* »

Il arrive aussi que certains enfants/bébés très beaux ne le soient pas forcément plus tard... On appelle ça la **jurisprudence Macaulay Culkin.**

Les parents d'aujourd'hui

- « La maîtresse t'a puni ?! J'appelle mon avocat ! »
- **« C'est bon, j'ai géolocalisé mon fils. »**
- « Pense à brancher ta tablette, c'est pas parce que tu as deux ans que je dois tout faire ! »
- **« Toi, ton fils, il a combien de followers ? »**
- « Ma fille a attrapé des poux à l'école, puis-je porter plainte pour mise en danger de la vie d'autrui ? »
- **« Je ne peux pas te faire un bisou avant que tu aies donné ton consentement par écrit. »**
- « Non chéri ! Tu ne peux pas manger ces gâteaux, il y a du gluten dedans et ils ne sont pas bio, désolée*. »
- **« Je ne lui fais pas la lecture parce qu'il a une appli pour ça. »**
- « Je ne peux pas te donner la fessée, c'est interdit par la loi. »
- **« Pose ce jouet, il est bourré de perturbateurs endocriniens. »**
- « Mon fils a un trouble de l'attention**. »

---

* C'était un piège, évidemment. Les parents d'aujourd'hui ne disent jamais non aux enfants.

** Équivalent d'« hyperactif » dans les années 2000 = équivalent de « mal élevé » dans les années 1980.

Règle n° 17

On arrêtera de penser que notre fils est un enfant star parce qu'il fait le spectacle de l'école.

« Au secours, ma fille a éternué deux fois ! »

Si vous aviez tendance à être hypocondriaque, sachez qu'une fois parent, TOUT sera décuplé.

Et vous allez vite découvrir votre nouveau meilleur ami (et pire cauchemar) : les forums.
L'avantage de ces forums, c'est que toutes les questions que vous vous êtes posées, quelqu'un a déjà osé les formuler :

- *« Ma fille a éternué deux fois, que dois-je faire ? »*
- *« Help, les fesses de Quentin sont rouges. »*
- *« Ma fille s'est griffée, risque-t-elle d'attraper la leishmaniose ? »*
- *« Il a cligné des yeux trois fois, est-ce l'un des symptôme de la syphilis ? »*
- *« Ma fille a croisé un chien, a-t-elle attrapé la gale ? »*
- *« Mon fils a le hoquet, est-ce que je dois aller aux urgences ? »*
- *« Ma fille a touché un objet en fer, j'ai peur qu'elle ait attrapé le tétanos. »*

Évidemment, toutes ces questions se poseront uniquement pendant notre temps libre*.

* Temps libre = temps qu'on ne passe pas à aller vérifier si notre enfant respire.

Dans ces forums de mamans, vous trouverez des astuces telles que :

- *« Ma fille n'a pas dormi sa première année, j'ai failli craquer, j'ai fini par mettre une carotte sous son lit parce que je l'avais lu sur un forum. »*
- *« J'ai placé une aspirine dans le nombril de mon fils pour qu'il arrête d'être malade en voiture, je l'avais vu sur un forum. »*

Mais il y a pire que ces forums de mamans... Il y a Doctissimo.

Nous avons décidé, dans notre grande générosité, de vous livrer notre témoignage préféré.

C'est celui de Florancia81, posté sur le site Doctissimo le 10-01-2010 :

« Bonjour, je suis enceinte depuis 6 mois et je me pose beaucoup de questions. Mon bébé peut-elle tomber enceinte si je fais l'amour pendant que je suis enceinte ? J'ai posé la question à mon docteur, il m'a certifié que non mais je ne le crois pas à 100 %. »

Ce à quoi Kayounette a répondu le 19-01-2010 :

« Uniquement si c'est une fille, je crois. »

Merci de votre attention.
Vous pouvez reprendre une activité normale.

Règle n° 18

On pensait être quelqu'un de patient... Mais ça, c'était avant de regarder notre fils essayer de faire ses lacets...

La belle-famille

Vous aviez judicieusement réussi à les éviter jusque-là, mais sachez qu'à partir du moment où vous avez donné la vie, c'est fini !

À présent, vous êtes UNE FAMILLE et par extension, la famille du papa devient votre famille. (Ce qui n'est pas toujours une bonne nouvelle !)

Votre belle-mère, qui espérait secrètement que son fils change d'avis, devra se faire une raison.

« *C'est pas que ma mère ne t'aime pas, mais tu sais comment sont les mamans, elles espèrent toujours mieux pour leur fils******. »

L'enfant est le trait d'union entre sa famille et la nôtre.

Pour la femme parfaite, évidemment, tout se passera à merveille, comme dans un téléfilm américain où son beau-père lui dirait pour Thanksgiving : « *Tu es un peu la fille que je n'ai jamais eue* » (musique triste + câlin).

Alors que dans notre vie à nous, ce sera supplications, marchandages, menaces… « *Ne m'oblige pas à y aller encore une fois ! Pas le week-end entieeeeeeer…* » (musique déchirante + œil humide).

> **Astuce :** Pensez à noter dans votre agenda le nombre de fois où vous êtes allée voir votre belle-famille, ça pourra vous être utile en temps voulu. *(Sauf si les comptes sont en votre défaveur, évidemment.)*

***** *True story.*

Les mères des années 80

On est d'accord pour dire qu'une femme enceinte aujourd'hui ne peut plus rien faire ni rien manger. L'alcool, le tabac, la charcuterie, le saut à l'élastique... **Bref, tout ce qui est un peu sympa dans la vie lui est INTERDIT.**

Mais sachez que ça n'a pas toujours été le cas. Dans les années 80 par exemple, les femmes enceintes n'étaient pas aussi informées et se permettaient beaucoup plus de choses.
Je vous parle d'un temps où on pouvait fumer dans l'enceinte des maternités...

Il faut prendre en compte que « la mère des années 80 » a elle-même été élevée par une mère des années 60. Une époque où on disait aux femmes « *qu'elles ne doivent pas penser à des "personnes moches" pendant leur grossesse si elles veulent que leur enfant soit beau* ».

Les années 80 étaient effectivement une autre époque, une époque où on disait aux mamans :

- *« Bien sûr, on peut fumer, pas de souci ! Ça donne juste des bébés plus petits. »*
- *« Si le bébé pleure, il faut lui donner un peu de Cointreau. »*
- *« On ne peut pas boire de vin, sauf si c'est du Bordeaux ! »*

Cependant, la « mère des années 80 » a aussi un super-pouvoir, celui de nous faire déculpabiliser, alors, rien que pour ça, on voudrait lui dire MERCI. Si vous avez déjà entendu l'une de ces phrases, c'est que vous avez eu affaire à « la mère des années 80 » :

- *« Quoi, des points de suture ? Mais non, mets du rouge ! »*
- *« Je ne lui mets pas de la crème solaire, au gamin, il est déjà bronzé. »*
- *« C'est juste un petit coup de soleil ! Il pèle les premiers jours et après on est tranquille tout l'été. »*
- *« Les enfants ? Je crois qu'ils s'amusent vers la voie rapide. »*
- *« Je vais chercher le martinet ! »*
- *« Tiens-toi à carreau sinon j'appelle la dame blanche ! »*
- *« Tu crois que Jordy, il fait des caprices, lui* ?! »*
- *« Je conduis, prends le gamin devant sur tes genoux ! »*
- *« La maîtresse t'a donné une gifle ? Qu'est-ce que t'as encore fait ?! »*
- *« On sort à la Churascaïa, mais je vais demander au maître-chien de surveiller la bagnole, y a la gamine qui dort à l'arrière. »*

---

* Pour ceux qui ne connaissent pas Jordy, c'était à peu près l'équivalent de René la Taupe dans les années 80. Pour ceux qui ne connaissent pas René la Taupe, il va falloir revoir vos classiques.

Le deuxième enfant

Alors qu'on a à peine entamé notre rééducation du périnée, on nous demande déjà : « À quand le deuxième ? »

Mais enfin !!

D'où leur vient cette envie irrépressible de savoir ce que nous comptons faire de notre utérus ?!

- *« Tu sais, il ne faut pas qu'il y ait trop d'écart entre les deux. »*
  À croire que l'écart d'âge entre nos enfants est le sujet de prédilection des Français, et chacun a sa théorie…
- *« Le mieux, c'est maximum 3 ans d'écart. »*
  Qu'est-ce qu'il se passe exactement si on dépasse les 3 ans ?
- *« C'est égoïste de n'en avoir qu'un. »*
  Ah non ! Là, on dit non ! Vous avez déjà utilisé cet argument pour le premier : « *C'est égoïste de ne pas faire d'enfants, blablabla.* »
- *« Mettez-le en route maintenant, comme ça vous aurez le temps d'en faire un petit troisième. »*
  Sachez que l'utilisation de l'adjectif « petit » ne va pas nous motiver davantage. Il n'existe pas de PETIT troisième. « Allez, un p'tit dernier pour la route ! »

Vous pensiez que c'était difficile d'avoir un enfant ? Hahaha !
Attendez d'en avoir deux !

Mes envies d'avoir un deuxième enfant

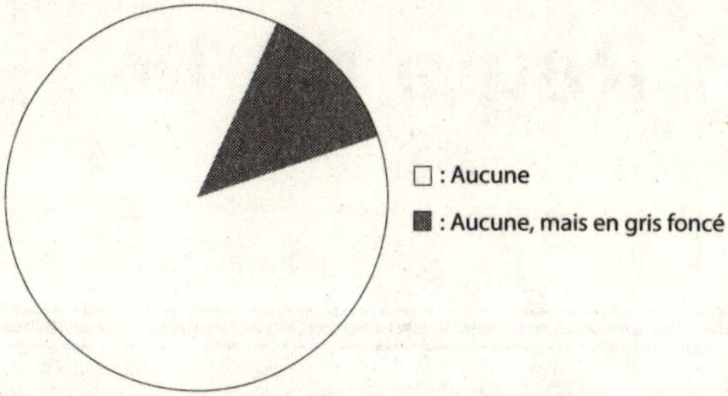

On pourrait parler des familles nombreuses mais on ne sait absolument pas comment elles font, vu qu'on a déjà du mal avec un seul.

Aux mères de familles nombreuses

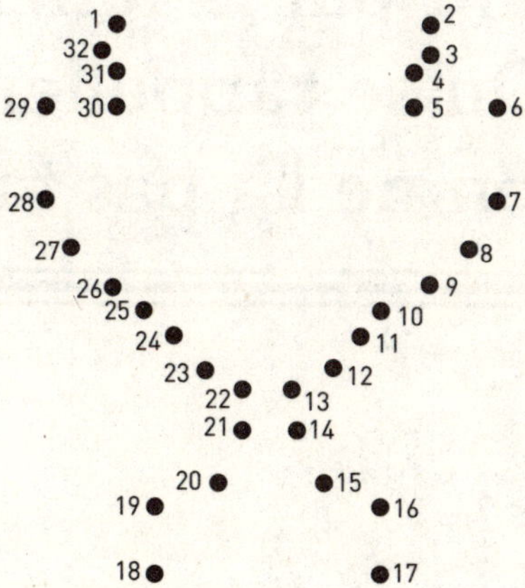

Bon OK, on ne voit pas tout de suite que c'est une coupe, mais c'est l'intention qui compte.

Règle n° 19

On arrêtera
de se juger
parce qu'on s'est
imaginé jeter notre
enfant par la fenêtre.
(On se rappellera
qu'on ne l'a pas fait.)

Être une belle-mère parfaite… n'y pensez même pas !

Quand on tombe amoureuse d'un papa, on doit apprendre à ouvrir notre cœur à l'être que notre amoureux aime le plus au monde, son enfant.
Bref, notre mec a déjà un enfant et on va devoir faire avec.

Comment faire pour supporter un enfant qu'il a eu avec son ex ?
D'autant que c'est le portrait craché de son ex *(avouez que c'est pas de chance)*.

Nous avons mis au point quelques règles de survie en cas de « bellemèrisation ».

Règles de la belle-mère parfaite

1. On n'ignorera jamais complètement l'enfant de notre conjoint.

2. On ne critiquera jamais sa mère *(devant lui)*.

3. On fera tout pour qu'il nous adooore.

4. On fera tout pour qu'il raconte à sa mère à quel point on est cool.

5. Si on a un autre enfant avec son père, on ne fera aucune différence entre notre enfant et… *(merde, il s'appelle comment déjà ? Raaa, ça finit par un « i »)*.

Les parents de jumeaux

Nous voulions rendre hommage dans ce chapitre aux parents de naissances multiples, à ces super-héros du quotidien. Étant nous-mêmes jumelles, on sait à quel point c'est un rôle difficile, souvent ingrat… **Être parent de jumeaux c'est être seul contre deux*.**
Mais être parent de jumeaux, c'est aussi être seul contre tous :

« Tu devrais les habiller pareil, c'est trop rigolo ! »
Mais ouais ! Et on pourrait aussi les mettre dans un cirque.

« Il ne faut absolument pas qu'ils aient des habits similaires sous peine de les traumatiser. »
C'est vrai qu'avec les 34 minutes de répit par jour que me laissent mes jumeaux, je vais aller faire du shopping pour leur faire une garde-robe sur-mesure.

« C'est des jumeaux… Mouais… C'est bizarre, je trouve qu'ils ne se ressemblent pas. »
Ah ben, c'est que c'est pas des jumeaux alors, j'ai dû me tromper…

« Quand l'un a mal, l'autre a mal aussi ? »
Tu veux pas le pincer aussi pour vérifier ?

« Oulala, il y en a un bien plus joli que l'autre ! »
Oulala, je vais te griffer toi !

Phrase classée numéro 1 des phrases les plus irritantes entendues par les parents de jumeaux :
« Oulala, je sais pas comment tu fais ! Moi, à ta place, je ne pourrais pas. »
Eh ben, je fais, connasse !
(Oui, un « connasse » de temps en temps, ça fait du bien, ça défoule.)

***** Paroles de jumelles à un « tout seul » (c'est le mot qu'on utilisait petites pour parler des non-jumeaux) = moldu.

Petit message aux parents de jumeaux en bas âge...

ATTENTION

Vos enfants se disputent constamment,
parfois même violemment.
**Nous tenions à vous dire que, malheureusement,
ça ne changera jamais.
Et plus vite vous l'aurez accepté, mieux ce sera.**
Certains vous diront que ça passera avec l'âge...
Faux. Mais ne vous inquiétez pas,
ça ne les empêche pas de s'aimer
le plus fort du monde.

Petit message à ceux qui côtoient des jumeaux...

IL N'EXISTE PAS DE FAUX JUMEAUX

Les gens ont pris l'habitude de demander
aux jumeaux (ou aux parents de jumeaux)
s'ils sont « vrais ou faux » pour savoir
s'ils sont monozygotes ou dizygotes,
mais c'est une énorme maladresse.

On ne dit pas à un enfant qu'il est FAUX !

Il n'y a pas de vrais et de faux jumeaux !
C'est une aberration d'utiliser encore ces termes,
comme si l'enfant était un raté ou un imposteur :
« Vous n'êtes pas vraies jumelles ! » **Il faut vraiment
arrêter. C'est bon ? Tout le monde a compris ou
on va devoir encore le répéter ?! C'est pas la
première fois qu'on le dit, pourtant...
Fatigant, hein...**

Mon enfant a une (connasse de) belle-mère

On a espéré que ce jour arrive le plus tard possible, mais, aujourd'hui, on ne peut plus nier la réalité : **notre ex a refait sa vie, notre enfant a donc une « belle-mère »**. (Même si on continuera de répondre à tous les gens qui utiliseront ce terme : « *Non ! C'est pas sa belle-mère, c'est juste la copine de son père, faut pas déconner non plus !* »)

Pourtant, même si nous sommes dans le déni, il faut se rendre à l'évidence, quelqu'un d'autre va participer à l'éducation de notre enfant. (On vous laisse un petit temps pour digérer cette information.)

TEMPS
TEMPS
TEMPS

Non, il vous faut encore un peu de temps.

TEMPS
TEMPS
TEMPS

Alors, évidemment, on espère toutes que ça va bien se passer, mais quoi de pire, quand on récupère notre enfant après un week-end chez son père, que de l'entendre dire :

« Sonia elle a dit ça... » ; « Sonia, elle a fait ça » ; « Sonia, elle a des cheveux longs, on dirait une princesse ».*

HAAAAAAAA !!!!

***** On a pris le prénom Sonia parce que ça fait « fille gentille », mais dont tu te méfies quand même un peu (eh oui, c'est absolument subjectif).

Liste des choses qu'on aimerait tellement pouvoir répondre :

- *« Oui, enfin, si elle a de jolis cheveux, Sonia, c'est parce que papa lui a payé des rajouts. »*
- *« Tu sais, ce n'est pas parce qu'elle couche avec ton père que tu dois la considérer comme ta belle-mère. »*
- *« Ne t'attache pas trop, elle va pas rester longtemps. »*
- *« Tu n'es pas obligé de l'aimer, tu sais. Tu ne dois pas te forcer. Si ça vient pas, ça vient pas… »*
- *« Je crois qu'elle n'aime pas les enfants… Mais je peux me tromper. »*
- *« Quoi ?! Tu ne veux plus aller chez ton père quand elle est là ?! C'est ça que tu es en train de me dire ?! Cligne une fois des yeux pour oui et deux fois pour non. »*
- *« Tu sais que tu vas briser le cœur de maman si tu es gentil avec elle, mais après, tu fais ce que tu veux. »*
- *« Tu te rappelles la méchante dame qui a voulu voler les 101 dalmatiens pour en faire un manteau ? Il y a de fortes chances pour que ce soit elle, mais je ne t'ai rien dit. »*

Le coup de la photo

Toujours dans le but de déculpabiliser les jeunes mamans et de les aider à affronter notre monde impitoyable, nous avons décidé de leur prodiguer des conseils pratiques, faciles à appliquer et qui ont prouvé leur efficacité. C'est notre rubrique « trucs et astuces de la rédaction ».

LE COUP DE LA PHOTO

Mise en situation
Votre tante (pourtant bien intentionnée) a fait un cadeau moche à votre fils.

Action 1
Remerciez-la en intégrant votre compagnon à la conversation : « *Ohhh, regarde, chéri, comme c'est joli !* » (Votre mec sera obligé de répondre par l'affirmative et deviendra ainsi automatiquement votre complice.)

Action 2
En arrivant à la maison, pensez à prendre tout de suite une photo de votre enfant avec le cadeau. (Si vous ne le faites pas tout de suite, vous allez le ranger au fond d'un placard et l'oublier pour toujours.)

Action 3
Programmez l'envoi de la photo quelques jours/semaines plus tard, accompagnée d'une légende : « *Mathis adore le jouet de sa grande-tante.* »

Action 4
Rangez le jouet dans sa boîte afin de pouvoir l'offrir de nouveau lors de l'anniversaire d'un copain de votre enfant.

Règle n° 20

On arrêtera d'aller vérifier toutes les 10 secondes qu'il respire*.

* Non, on n'arrêtera pas, mais on peut toujours essayer.

Conseils de connasse

Chaque maman a eu droit un jour à un « conseil de connasse ».
Rectification !
Chaque maman a CHAQUE jour droit à un « conseil de connasse ».
Il s'agit de quelqu'un qui sait évidemment mieux que nous (qu'elle/il ait des enfants ou pas, d'ailleurs) et généralement, sa phrase commence par :

- *« Si je peux te donner un conseil… »*
- *« Si je peux me permettre… »*
- *« Moi, à ta place… »*
- *« Moi, avec… Ce que je faisais, c'est… »*
- *« Ah oui, tu fais ça ? C'est marrant… »*
- *« Ils ont dit à la télé que… »*
- *« Ma mère, elle faisait pas comme ça… »*
- *« J'ai lu dans un magazine que c'était très mauvais de… »*

<u>Trucs et astuces de la rédaction</u> :
Vous ne pourrez pas échapper à ces conseils. Alors, attendez que ça passe et pensez à sourire bêtement et à hocher la tête de temps en temps.

Quoi que vous fassiez, vous aurez toujours tort.
Il y aura toujours quelqu'un pour vous donner un conseil, comme il y aura toujours quelqu'un pour vous dire que vous faites mal.
Ne vous justifiez pas.
Ne vous débattez pas.
Attendez que ça passe.

D'ailleurs, qu'est-ce que vous voudriez répondre à :

- *« Ton fils a des allergies alimentaires ? Ah bah c'est sûr que si tu n'avais pas pris un Doliprane pendant ta grossesse... »*
- *« Ton fils ne marche pas à 13 mois ? Est-ce que tu mangeais sucré pendant ta grossesse ? Parce que ça a souvent un lien... »*
- *« Il a une mauvaise vue ? Ah bah c'est sûr que si vous n'aviez pas divorcé... »*
- *« Tu sais que les enfant dont les mères travaillent ont souvent des problèmes de peau grasse à l'adolescence ? »*
- *« Vous vivez dans un tout petit appartement et ça t'étonne que ton fils ne coure pas vite ? »*
- *« Il a raté son bac ? Ah bah c'est sûr que si tu lui avais donné le sein... »*

Les mauvaises langues diront que nous avons inventé certains de ces témoignages. Il se peut effectivement que nous ayons un peu exagéré, **mais ne sous-estimez jamais la bêtise de certaines personnes*.**

* Ah ! On nous fait signe qu'il ne s'agit pas de « bêtise », mais bien de « connerie », au temps pour nous !

Les mensonges de maman

Oui, on s'était juré de ne jamais mentir à notre enfant, et puis voilà… On est devenue mère. Et malgré toute la meilleure volonté du monde, on se retrouve aujourd'hui à dire de petits (ou gros) mensonges parce qu'on ne sait pas quoi répondre, parce que c'est pas simple, parce qu'on est tout simplement fatiguée !

Et puis, il faut avouer que les menaces et le chantage marchent beaucoup mieux s'ils sont étayés par des mensonges.

- *« Tu n'as pas le droit de monter là-dessus, sinon le monsieur va te gronder. »*

  FAUX.
  Le monsieur s'en fout royalement, il s'agit d'un touriste allemand qui ne parle pas notre langue.
- *« Tu vas t'en prendre une… »*

  FAUX.
  Le châtiment corporel est interdit (mais pas la menace).
- *« Les voleurs, ils vont en prison ! »*

  FAUX.
  Les prisons sont surpeuplées, et pour peu qu'ils aient un bon avocat…
- *« Ils vécurent heureux et eurent beaucoup d'enfants. »*

  FAUX.
  On ne peut pas avoir beaucoup d'enfants ET être heureux, il faut choisir.
- *« Le père Noël ne va pas venir ! »* (Ou *« Dieu te voit »*, selon vos croyances.)

  FAUX.
  Personne aujourd'hui n'est capable de prouver l'existence de l'un ou de l'autre.

Tout ça est faux, mais eux l'ignorent…
Nous vous conseillons donc d'user de ces stratagèmes le plus longtemps possible, car un jour, ils se rendront compte de la supercherie et ça ne marchera plus. **Alors, profitez-en.**

Règle n° 21

Quand notre fils
nous dit que son frère
lui a lancé
son portable au visage,
on évitera de demander
en premier
si l'écran est cassé.

La mère parfaite à l'école

La mère parfaite	*Nous*
Elle a inscrit son enfant à la crèche bilingue à 3 trois mois de grossesse.	On laisse des p'tits messages dans les boulangeries pour trouver une garde partagée.
Elle a pensé au goûter.	On a craqué pour sa Pom'Potes à la pause de 11h.
Elle se propose à chaque sortie scolaire.	La prochaine fois, promis !
Elle a inscrit son enfant au cirque la première.	Comme on s'y est pris à la dernière minute, il ne restait plus que « danse folklorique bolchévique ».
Elle est toujours la première devant l'école.	On va directement récupérer la nôtre dans le bureau d'étude devant le regard inquisiteur de la maîtresse.
Elle fait la bise à toutes les autres mamans.	Les autres mamans nous prennent pour la nounou.
Elle est sublime quand elle attend son fils devant l'école.	On se lave les cheveux quand on pense la croiser.
Elle fait toujours de magnifiques cadeaux à la maîtresse pour toutes les occasions.	On oublie à chaque fois. Pour Noël, on lui a laissé une clope et un ticket resto.

La mère parfaite	***Nous***
Elle appelle tous les membres du personnel par leurs petits noms.	La maîtresse ne nous reconnaît pas *(et pour cause, elle ne nous a vue que le jour de l'inscription).*
Son enfant en costume de chevalier vient à cheval pour mardi gras.	On a fait deux trous à un drap-housse pour faire un costume de fantôme *(ne nous jugez pas, il a fallu improviser).*
Elle a apporté le goûter pour tous les enfants.	On se trompe d'enfant en partant.
Elle donne des cours particuliers à chacun de ses enfants pendant leurs vacances.	On a acheté un cahier de vacances aux nôtres, mais on les a oubliés à la maison.
Elle a fait sauter une classe à son enfant.	On a demandé à la maîtresse si le nôtre pouvait aussi... Elle a rigolé.
Elle a demandé une médiation car son enfant se sent persécuté par une petite fille de la classe.	Cette petite fille, c'est la nôtre.
Elle vient récupérer son enfant chaque midi pour le faire manger à la maison.	On attend notre enfant dans la voiture parce qu'on n'a pas payé la cantine.

Règle n° 22

Avant,
on attendait
le vendredi soir...
Maintenant,
on attend
le lundi matin.

« Gaspard est un p'tit con »

Votre enfant a un meilleur ami et vous ne pouvez que vous en réjouir, oui mais voilà, c'est Gaspard, et il s'avère que vous ne pouvez pas voir ce gamin.

Vous ne vous voyez pas dire à votre enfant :

« Chéri, je suis contente que tu aies un meilleur copain, mais je dois t'avouer que le fait que ce soit Gaspard ne m'arrange pas du tout, car :
1. *Gaspard est vraiment très con.*
2. *Je ne supporte pas sa mère/son père/son parent référent.*
3. *Cet enfant me met extrêmement mal à l'aise et je pense que c'est l'antéchrist, mais évidemment, ce n'est que mon avis. »*

Vous n'avez donc pas le choix, il faut réduire à néant cette amitié naissante. Pour cela, quelques astuces :

Astuce 1 : Déplacer l'intérêt de votre enfant

« Tu ne préfères pas être ami avec Ernest ? Alors oui, il pleure tout le temps et il s'appelle Ernest, mais son papa propose de te garder le mercredi après-midi et il a une piscine.
— Non ! J'aime pas Ernest.
— T'AS ENTENDU ?! UNE PISCINE !! »

Astuce 2 : Décrédibiliser le susnommé Gaspard en lançant des accusations du genre *« Mouais, c'est ton meilleur copain... C'est pas ce qu'il dit... »*

Pour peu que votre enfant soit un tantinet paranoïaque, il se montera la tête tout seul.

Astuce 3 : La menace

« Tu veux briser le cœur de maman ? »

Nous reconnaissons aisément que ces trois astuces peuvent être traumatisantes pour votre enfant, mais c'est ça ou vous allez devoir supporter Gaspard tous les mercredis jusqu'à la fin de vos jours ! ALORS ?!

Merci de faire profil bas

Nous sommes ravies de savoir que pour certaines femmes, la grossesse et l'accouchement sont de purs moments de bonheur, mais pour d'autres, ça n'est pas le cas.
Il existe une règle tacite, un concept de solidarité et de décence qui devrait nous pousser à faire profil bas.

« Je suis sortie de la maternité, j'avais 3 kilos à perdre. »
J'avais déjà plus à perdre avant de tomber enceinte !

« Moi, ma fille, elle a fait ses nuits au bout d'une semaine. »
Eh ben moi, j'ai pas fait une nuit complète depuis 3 ans, comme quoi...

« C'est marrant, parce que moi, j'ai eu aucune nausée. »
Non, c'est pas marrant, non ! Ou alors, t'as un humour de merde.

« J'ai travaillé jusqu'à la veille de mon accouchement, j'avais une patate ! »
Ah ouais ! La fameuse « patate de la femme enceinte la veille de son accouchement »... C'est bien connu !

On le répète... MERCI DE FAIRE PROFIL BAS.

Pensez à toutes celles qui vivent l'enfer et respectez-les. Il faut être solidaires. Dire que c'est facile fait penser aux autres qu'elles sont nulles.

Alors, s'il vous plaît, quand une jeune/future maman vous dira que c'est dur pour elle, qu'elle ne s'en sort pas, qu'elle est à bout, qu'elle vous demandera si c'était pareil pour vous, ne faites pas votre connasse...

MENTEZ-LUI !

Histoire qu'elle se sente un peu moins seule.
Merci par avance
La rédaction

Les vacances avec des enfants… cette arnaque !

Définition de « vacances » : **période de repos** accordée à des employés dans une entreprise, à des élèves dans une école, etc.

> Si → vacances = repos.
> Alors → vacances avec des enfants = repos avec des enfants ?

Quelque chose cloche dans cette équation… Mais quoi ?! Bon sang, mais c'est bien sûr !

IL NE PEUT PAS ÊTRE QUESTION DE REPOS QUAND IL EST QUESTION D'ENFANTS. C'EST ANTINOMIQUE.

Fini les grasses mat', la plage entre 12h et 16h, etc. Même la date de départ et le lieu sont choisis en fonction d'eux, tout a changé !
Là où on voyait une magnifique villa avec piscine à débordement, maintenant, on ne voit plus que « le danger » : une piscine non sécurisée !
Nous proposons donc de créer un nouveau mot qui remplacerait celui de « vacances »*.

Il existe cependant deux exceptions pour lesquelles le terme « vacances » est autorisé, à savoir :

« *Mes enfants sont partis en vacances chez leurs grands-parents.* »

Ou encore :

« *On est partis en vacances sans les enfants.* »

* N'hésitez pas à nous faire parvenir vos propositions.

La mère parfaite à la plage

La mère parfaite	*Nous*
Elle va à la plage de 8h à 10h et de 15h à 17h.	On arrive à 11h, on part à 18h, histoire de se taper les bouchons.
Elle a pris un parasol.	On l'a pris aussi, mais on a oublié le pied, du coup, il est penché et il y a juste la glacière qui tient dessous.
Elle met des tee-shirts anti-UV et des lunettes à ses enfants.	On a badigeonné nos enfants de crème solaire *(et comme ils se roulent dans le sable, on dirait des petits churros)*.
Elle a prévu des tonnes d'activités.	On passe la journée à creuser un trou pour toucher l'eau *(avec les mains, on a oublié la pelle dans la voiture)*.
Ils ramassent ensemble un peu de sable car ils collectionnent les sables du monde entier.	On a ramassé un coquillage rare, mais en fait c'était un bout de plastique.
Ils ont ramassé un coquillage rare.	Nous aussi, mais en fait c'était juste un mégot *(mais un joli mégot, du coup, on l'a gardé)*.
Elle a une application pour visualiser les zones où il y a des méduses.	On a pissé sur la jambe de notre fille pour calmer sa piqûre de méduse *(à moins que ce ne soit un oursin, on n'est pas sûre)*.

La mère parfaite	*Nous*
Elle fait sortir son enfant de l'eau pour aller faire pipi dans les toilettes.	On trouve que c'est bien agréable que l'eau se soit réchauffée d'un coup *(hihihi, c'est nous qu'on a fait pipi)*.
Elle a pensé à prendre un goûter.	On espère qu'il va finir par repasser, « Loulou beignets ».
Elle nage avec son enfant jusqu'à la bouée.	Oulala non, l'eau est glacée !
Elle demande à son enfant de ne pas jouer dans le sable à cause des champignons.	On a enterré le nôtre quelque part, mais comme il n'y a que sa tête qui dépasse, c'est pas évident de le retrouver.
Son enfant a pris des cours de natation toute l'année pour se préparer à ces vacances à la mer.	On a acheté des brassards au nôtre, c'est presque pareil.
Elle a pris un transat sur une plage privée, en première ligne pour que ses enfants aient un accès direct à la mer.	On ne sait pas vraiment où sont les nôtres, mais s'il y a un problème, on s'est donné rendez-vous à la poubelle jaune.

Les vacances avec les enfants des autres

S'il y a pire que les vacances avec des enfants, c'est bien les vacances avec les enfants DES AUTRES. Dites-vous bien que ça ne peut en aucun cas bien se passer, et ce, pour deux raisons :

Raison 1 : Leurs enfants sont insupportables
→ L'enfer

Ils avaient réussi à nous le cacher, mais voilà, en vacances, les masques tombent. Nous découvrons que le fils/la fille de nos amis est un monstre ! Les témoignages qui nous parviennent sont édifiants. Combien de disputes, de vacances gâchées, d'amitiés détruites à cause d'un gamin insupportable ?

Raison 2 : Leurs enfants sont adorables
→ Ce qui fait passer les nôtres pour des enfants insupportables

Le problème, c'est qu'en vivant avec nous, nos amis voient tout ce qu'on tenait à leur cacher. Le fait qu'on ne douche nos enfants que tous les deux jours, qu'ils mangent des chips, qu'on les met devant la tablette quand on veut faire une sieste, etc.

Dites-vous bien qu'ils vont nous juger ! Qu'à peine le dos tourné, on va avoir droit à un « Tu as vu ? Elle a même pas grondé sa fille quand... »
Et pour cause, on fait pareil !

Analyse des selles de notre enfant

CENSURÉ

PAR L'ÉDITEUR*

* « Trop de caca** » dixit notre éditeur Christophe Absi.
** Cf. chapitre « Tu veux voir une photo de son caca ?
p. 54.

Règle n° 23

On pensera à montrer les photos de nos enfants seulement aux gens que ça pourrait potentiellement intéresser.

Mon fils sur Instagram

On ne va pas développer ici le concept d'« empreinte numérique » (les spécialistes estiment que 30 % des bébés ont une empreinte numérique avant leur naissance), et même si nous sommes aujourd'hui conscients des risques encourus en exposant nos enfants sur les réseaux sociaux, certains d'entre nous ne peuvent pas s'en empêcher...

On se transforme en junkie qui a besoin de sa dose...

- *« Juste un petit pied, promis ! Juste un petit pied ! »*
- *« Je lui mets un nez rouge, comme ça, on ne le reconnaîtra pas ! Allez ! Avec un nez rouge, ça passe ! »*

Et il y a ceux qui vont trop loin...

- *« Je mets ma fille sur mes photos Insta, ça accessoirise ma tenue ! »*
- *« Bah, disons que c'est un plus pour mes placements de produits... »*
- *« Je mets plus Tina que Thaïs sur les photos, elle est beaucoup plus photogénique, du coup, ça génère plus de likes. »*
- *« Après tout, c'est mon enfant, je fais ce que je veux* ***** *! »*

*** Alors NON, pas tout à fait.**
Les mineurs partagent leur droit à l'image avec leurs parents jusqu'à leurs 18 ans. Lorsqu'ils seront en capacité d'exprimer leur droit à l'image, ils pourront faire opposition. Depuis le 13 mai 2014 et un arrêt de la Cour de justice de l'Union européenne, toute personne peut faire valoir son droit à l'oubli en ligne.

Très chère Véronika...

Nous interrompons votre lecture un instant afin d'apporter quelques précisions.
Nous sommes conscientes que nombre d'entre vous n'ont pas lu l'avant-propos (pourtant extrêmement bien écrit et frappé au coin du bon sens) et il se peut que quelques-unes d'entre vous soient révoltées à ce stade de leur lecture.

- ***« Mais vous ne pouvez pas dire ça ! »***
  Si, si, on peut.

- ***« Comment peut-on parler ainsi des enfants ?! Ces petits anges purs et innocents... »***
  Alors déjà, on ne sait pas quels enfants vous fréquentez, mais ceux qu'on connaît ne sont pas tous des « petits anges », il existe même de véritables petites pestes.

- ***« Elles parlent de "défenestrer des enfants", mais enfin, c'est grave ! »***
  Bonjour vous,
  Voyant que vous ne maîtrisez pas totalement le second degré, souhaitez-vous que nous précisions à chaque page *« On rigole, hein ! »* ou alors, on peut l'écrire une seule fois au début et on n'en parle plus, c'est bon pour vous ?

- ***« Les conseils des sœurs Girard s'apparentent souvent à de la maltraitance. »***
  Signé Véronika
  Très chère Véronika...
  Merci de poser ce livre au sol et de vous en éloigner tout doucement.

- ***« Les mamans, OK... Mais on en parle un peu, des papas ?! »***
  Bah non, puisque que le livre s'appelle *La mère parfaite est une connasse !*, on parle des mamans, pas des papas. (On n'est pas à l'abri d'écrire *Le père parfait est une connasse !*, alors méfiez-vous.)

- ***« Toujours les mêmes propos féministes à gerber !! »***
  Évidemment, puisque notre but, en tant que féminazis, est d'exterminer les hommes. Merde, on va encore être obligées de préciser : *« On rigole, hein ! »*

- ***« Quand je vois le nombre de conneries que les sœurs Girard écrivent dans leurs livres, je me demande comment elles élèvent... »***
  Alors, on vous arrête tout de suite, petite madame ! Vous n'avez pas à donner votre avis sur la façon dont les autres élèvent leurs enfants.
  Non ! Stop ! Chhhh !

Petit rappel pour la petite madame :

TOUT JUGEMENT, AVIS OU CONSEIL NE SERA ÉMIS QUE SI ET SEULEMENT SI LA MAMAN L'A DEMANDÉ.

Règle n° 24

**On évitera d'exagérer…
« Mon accouchement
a duré 247 heures ! »**

L'échelle Kardashian/Jenner

Élever un enfant est difficile, tellement de questions, de doutes, d'hésitations… Heureusement, comme un phare dans la nuit, la famille Kardashian/Jenner nous guide depuis des années sur le chemin de l'éducation*.
Pensez à toutes ces fois où, complètement perdues, nous nous sommes demandé : « Qu'est-ce que ferait Kim Kardashian à ma place ? »
Pour savoir où se situer sur l'échelle Kardashian/ Jenner…

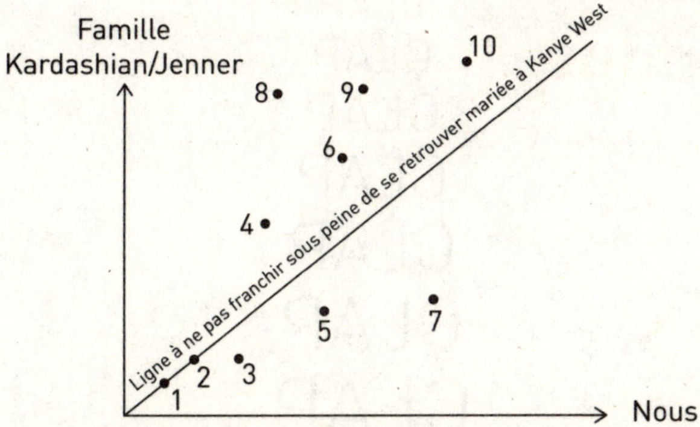

1. Vous avez fait de la téléréalité.
2. Vous postez des photos de vos enfants sur les réseaux sociaux.
3. Vous lisez des livres à votre enfant.
4. Votre enfant porte du maquillage à 6 ans.
5. Vous passez vos vacances dans un village vacances en Occitanie.
6. Vous payez quelqu'un pour retoucher vos photos Instagram.
7. Votre enfant prend des cours de musique à la MJC.
8. Votre enfant a offert un cadeau à 3 000 dollars à sa tante.
9. Votre sac de couches coûte 23 000 dollars.
10. Vous avez vendu la sextape de votre fille.

---

* A-t-on vraiment besoin de préciser que c'est de l'ironie ? Dans le doute, un petit astérisque, cadeau :)

Les mamans solo

Chères mamans solo,
Que vous dire... Vous êtes des héroïnes.
On voit comment on galère avec un papa présent, alors on s'imagine sans... Et on vous admire.

CLAP
CLAP
CLAP
CLAP
CLAP
CLAP
CLAP
CLAP
CLAP
CLAP
CLAP
CLAP
CLAP

(Il faut nous imaginer nous lever et taper dans nos mains, doucement d'abord, puis de plus en plus vite, la gorge serrée et l'œil humide)

Le point positif quand on est une mère célibataire, c'est qu'on n'a pas à faire de concession sur les principes d'éducation. Pas de disputes sur comment élever notre enfant… Nous sommes la seule personne à décider.

Personne pour nous contredire, pour saboter tout ce qu'on met en place, pour critiquer notre façon de faire, pour essayer d'appliquer les idées de notre belle-mère contre notre avis*, etc.

QUEL GAIN DE TEMPS ET D'ÉNERGIE !

Répartition des sujets de disputes dans un couple avec enfants :

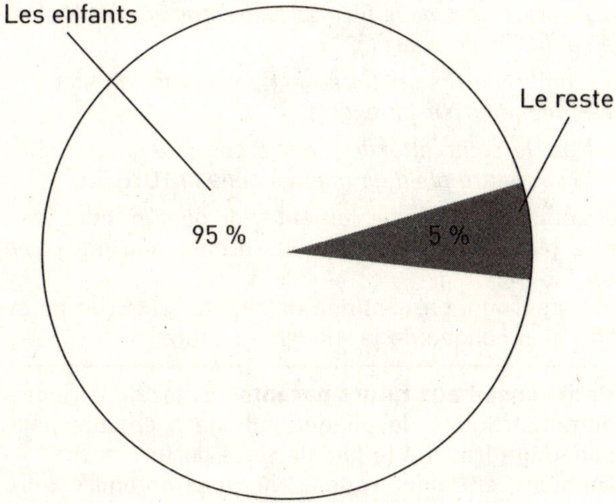

* Au moins, on n'entendra pas notre mec répéter : *« C'est ma mère qui l'a dit ! Elle le sait quand même mieux que toi ! C'est elle qui m'a élevé ! »*, surtout quand on voit le résultat…

Si t’as pas la YOYO, t’as raté ta vie

À l’heure où vous lisez ce livre, la mode sera sûrement passée, mais nous nous devions d’être les témoins de notre époque et nous avons donc l’obligation de parler d’un sujet important, primordial, du Graal pour tous les futurs parents...

LA YOYO

Tels des drogués, il nous faut la YOYO, cette poussette ultralégère et facilement pliable. Mais qu’est-ce que cette poussette hors de prix a de plus que les autres pour susciter autant d’engouement ?!

- *« Je te préviens, si tes parents nous offrent autre chose, je prendrai ça pour de la provocation. »*
- *« Ta sœur veut nous filer sa poussette Béka ? Ahahah il en est hors de question ! »*
- *« L’ombrelle rose poudrée est en rupture de stock ? Je vais me jeter par la fenêtre. »*
- *« Non, la petite attendra pour prendre le goûter ! Sinon, elle va mettre plein de miettes dans la YOYO. »*

Alors oui, elle se plie facilement et on peut prendre l’avion avec... Mais sérieusement, vous prenez souvent l’avion, vous ?
Alors, pourquoi on continue de répéter : « Et je ne suis même pas obligée de la mettre en soute ! »

Petit conseil aux futurs parents : Évitez de faire des démonstrations de pliage/dépliage à chaque personne qui franchit le pas de votre porte.
Ou alors, entraînez-vous avant. Vous entendre vous disputer « Mais force pas ! C’est pas comme ça ! » nous met extrêmement mal à l’aise.
Merci par avance.

P.-S. : Ceci n’est pas un placement de produit.

Règle n° 25

On évitera de penser qu'on sait tout sur l'accouchement parce qu'on a regardé un épisode de *Baby Boom* sur TF1.

« C'est un papa formidable ! »

On s'est toutes dit que pour nous, ce serait différent, qu'on était un couple évolué, féministe, qu'on allait faire 50/50... Pourtant, sans s'en rendre compte, on s'est laissées déborder.
Par habitude, par facilité, *« C'est plus pratique que ce soit une seule personne qui gère tout »* ou encore *« Parce qu'on le fait mieux** »*, **on s'est retrouvée à tout faire, ou presque**.

L'avantage pour un papa, c'est qu'il n'a pas besoin de faire grand-chose pour passer dans la catégorie « papa formidable ».

- « Il m'est arrivé de lui changer les couches. »

  Hahaha.

- « J'aide beaucoup ma femme. »

  Bah non. Ils n'ont pas à « aider », est-ce que vous nous voyez dire « J'aide beaucoup mon mari avec les enfants » ?

- « Mon père n'a pas fait un quart de ce que je fais. »

  Bah oui, et c'est souvent ça le problème.

Heureusement, les choses changent un peu, doucement, alors on continue de les encourager, parce qu'au fond, ils ont tous envie d'être un « papa formidable ».

Mais en vrai, on a hâte que les futurs papas puissent faire encore plus parce qu'ils auront vu leurs pères le faire. Et que leurs mamans les laissent faire...

---

* Et objectivement, on le fait mieux.

« Un enfant aime sa mère, mais... »

Afin que les choses soient plus claires et que nous puissions avoir une vue d'ensemble de ce qui nous attend, nous avons mis au point un petit graphique de l'évolution de l'amour d'un enfant pour sa mère. Nous comprenons aisément votre surprise, voire votre amertume*, mais dites-vous bien une chose : l'important, c'est que vous aimiez vos enfants, d'autant que c'est trop tard, c'est fait.

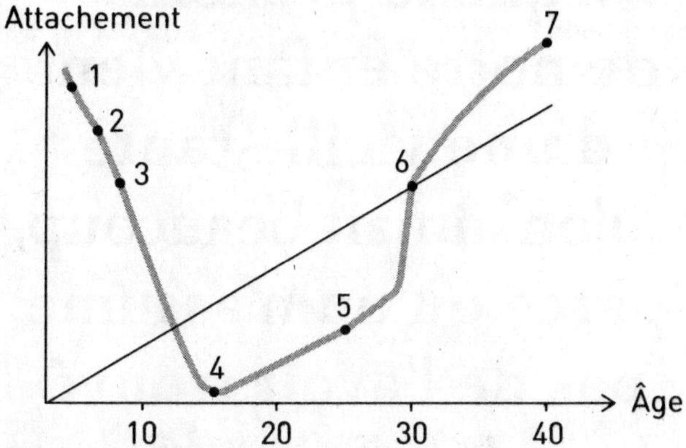

1. (2 ans) *« Tu es la meilleure maman du monde. »*
2. (4 ans) *« Je préfère papa. »*
3. (8 ans) *« J'ai besoin de toi. »*
4. (15 ans) *« Je te déteste. »*
5. (25 ans) *« Je n'ai plus besoin de toi. »*
6. (30 ans) *« J'essaie de passer te voir à Noël. »*
7. (40 ans) *« Tu es la meilleure grand-mère du monde. »*

---

* Amertume : sentiment durable de tristesse mêlée de rancœur, lié à une humiliation, une déception, une injustice. **L'auteur de cette définition est forcément un parent, nous ne voyons pas d'autre explication.**

Règle n° 26

On arrêtera de dire que le prénom de notre enfant vient d'une vieille tante qu'on aimait beaucoup, parce qu'on n'assume pas de l'avoir trouvé dans *Les Frères Scott*.

Listes des chansons à écouter lorsqu'on a envie de défenestrer son enfant

Une maman est un être lunatique qui passe par une multitude d'émotions en un minimum de temps. **Et, même si nous aimons inconditionnellement notre progéniture, il arrive que nous ayons envie de la défenestrer.**
(L'occasion pour nous de rappeler que c'est interdit par la loi.)

Nous avons donc, dans notre immense mansuétude, mis au point une liste de chansons à écouter en cas d'urgence.

- *Mistral gagnant*, Renaud
- *Je serai là*, Teri Moïse
- *Un enfant de toi*, Phil Barney
- *Mon fils ma bataille*, Daniel Balavoine
- *Glory*, Jay-Z
- *Morgane de toi*, Renaud
- *Father & Son*, Cat Stevens
- *Laura*, Johnny Hallyday
- *La ballade de Lily-Rose*, Vanessa Paradis
- *Ma fille*, Serge Reggiani
- *Millésime*, Pascal Obispo
- *Ceux que l'on met au monde*, Lynda Lemay

P.-S. : OK, la plupart sont un peu gnangnan, mais on vous rappelle qu'on parle de jeunes mamans, là !

La maman Instagram

Dans la catégorie des mères parfaites (donc des connasses), il existe une mère parfaite plus perfide encore que les autres : la maman Instagram.

Elle est là, sur nos réseaux sociaux, à arborer son ventre plat, son enfant parfait et son canapé blanc.

Alors, un petit mot pour toi, la maman Insta :
Sache que je te méprise.
(Mais après, je culpabilise parce que je suis une fille gentille.)

On a beau savoir que tout est faux et mis en scène, ça nous bousille le moral.
Car comment expliquer que leur bébé semble tout droit sorti de Pinterest (pour peu qu'on ait tapé « *beautiful baby* » dans le moteur de recherche) et que le nôtre ressemble à une crevette en surpoids* ?!

Elles ont un canapé blanc.

→ ***Hahaha.***

Elles font des bons petits plats, équilibrés et créatifs.

→ ***Quand trouvent-t-elles le temps ?***

Elles n'ont que des filles.

→ ***Nous avons récemment découvert qu'elles auraient aussi des garçons, mais qu'ils seraient moins « instagramables ».***

---

* Les auteurs ne sont pas parvenues à se mettre d'accord sur le crustacé en question : langouste, langoustine, gambas, écrevisse, crevette tropicale...

Chez elles, tout est blanc, rose et gris clair.

Elles cachent les jouets moches.

Elles obligent leur fille à faire de la danse classique.

Un tutu rose sera toujours plus instagramable qu'un kimono d'aïkido floqué « Garage Rodriguez ».

Elles portent des talons aiguilles le lendemain de leur accouchement.

Évidemment, car la mère parfaite ne fait pas de rétention d'eau et n'a pas les orteils comme des Knacki.

Elles n'ont plus de ventre à la sortie de la maternité.

À qui elles veulent faire croire ça ?!

> Un petit coucou à cette « influenceuse » qui a posté une photo quelques semaines après son accouchement, en maillot de bain rouge taille 34, sublime, le ventre plat, les seins bombés, l'air reposé, lumineuse, et qui ose écrire : « *Essayer de rester zen quand tu affrontes les premiers vaccins de bébé, la fièvre qui va avec et son premier rhume.* »
>
> (Émoticône petit singe qui se cache les yeux)
>
> Alors, comment te dire, en restant polie...
>
> (Émoticône petit singe qui se cache la bouche)
>
> On n'y arrivera pas, donc on va s'abstenir.

Règle n° 27

On arrêtera de se sentir obligée de rajouter : « Mais je l'aime tellement » chaque fois qu'on se plaint de notre enfant.

Mon fils est mieux que ton fils

Lorsque nous avons des enfants du même âge, nous ne pouvons nous empêcher, même inconsciemment, de comparer nos enfants.
C'est quelque chose de naturel, ça nous rassure de savoir que notre enfant est comme les autres (surtout, mieux que les autres).
Il arrive malheureusement que s'installe entre les parents une certaine compétition.

« Mon fils fait des dessins sans dépasser.
— OK, mais le mien marche sur les mains.
— OK, mais le mien maîtrise l'alphabet cyrillique. »

On serait capables de les mettre sur la même ligne pour voir lequel rampe le plus vite. *(Ce serait encore plus lucratif qu'un combat de chiens !)*
Nous refusons cette option, puisqu'il s'avère que ça tomberait sous le coup de la loi. *(Même si je suis sûre que Joséphine écraserait June.)*

Nous ne pouvons pas nous empêcher de comparer nos enfants, mais nous ne pouvons pas non plus nous empêcher de nous comparer entre mamans.

On est capables de passer en une demi-heure de :
« Je suis bien meilleure que mon amie Léa dans l'éducation de mon fils, beaucoup plus attentive à ses besoins. »
À :
« Je suis horriiiiiiible, j'ai encore oublié son goûter ! Léa ne ferait jamais ça, elle ! Je suis la pire des mères !! »

Alors, ne culpabilisez pas de comparer votre enfant à celui de vos amies, on le fait toutes ! Essayez juste de le faire discrètement.

Et en plus, il faut qu'on fête leur anniversaire !

Pour une maman, il est très important de fêter l'anniversaire de sa progéniture : « *Ils grandissent si vite, chaque instant est important... Blablabla.* » Mais pour certaines d'entre elles, c'est aussi l'occasion de poster des photos sur les réseaux sociaux afin de montrer au monde entier à quel point leur famille et leur vie sont parfaites. (On sait que c'est faux, petites menteuses.)
C'est la course aux likes !

- « *On va pas se mentir, j'ai fait faire ce gâteau au sucre* Cars *de trois étages pour pouvoir le poster sur Instagram. Mon fils, lui, voulait une brioche au sucre.* »
- « *Ma voisine nous a envoyé un* "Save the date" *avant l'invitation officielle, j'avais l'impression qu'on m'avait annoncé que mon fils allait à Baltard.* »

Clowns, châteaux gonflables, sosie de Kim Jong-un, etc. Certains parents rivalisent d'idées surprenantes, truculentes (ou complètement connes) pour l'anniversaire de leur enfant.

- « *Alors que j'avais prévu de faire un atelier gommettes pour l'anniversaire de mon fils, j'ai découvert que cette connasse de Christelle avait privatisé Disneyland pour l'anniversaire du sien !* »

ARRÊTONS DE CULPABILISER !
Ça reste un anniversaire d'enfant
(d'autant qu'il a 1 an, il ne s'en rappellera jamais).
Et surtout, arrêtons de nous comparer à cette
connasse de Christelle.

La mère parfaite	*Nous*
Elle achète toujours le dernier jouet hors de prix.	On s'arrange pour refiler les vieux cadeaux dont on ne voulait pas.
Elle a fait venir une licorne.	On a obligé notre mec à se déguiser en clown *(et il ne restait plus que des costumes du film* Ça*).*
Elle a invité toute la classe pour un atelier « Découverte des saveurs avec un chef renommé ».	On a invité ses trois copines pour un atelier « Visionnage de *La Reine des neiges* ».
Elle fait un gâteau sans gluten en tenant compte des intolérances alimentaires de chaque enfant.	On a une seringue d'insuline quelque part *(laissez-nous juste le temps de remettre la main dessus).*
Elle offre à chaque enfant un panier surprise avec un assortiment de petits jouets astucieux et audacieux.	Hey, mais c'est l'anniversaire de notre enfant, pas de ses copains !
L'anniversaire de son enfant s'étale sur tout un week-end.	Celui du nôtre se déroulera entre 13h et 15h... Et on leur fait faire la sieste.

INTERVENTION
Il est interdit de faire un anniversaire de moins de 3h.

Sachant que nombre de parents vont faire de la route pour venir, le minimum syndical, c'est de garder leurs enfants au moins 3h.
Merci de votre compréhension,
La rédaction

Tu as plutôt intérêt à inviter mon enfant à l'anniversaire du tien !

Pour certaines personnes, inviter l'ensemble de la classe de son enfant (26 gamins qu'il faut amuser, nourrir et surveiller) s'apparente à l'image qu'elles se font de l'enfer, il faut donc faire un choix. Et là, c'est le drame.
On connaît tous l'histoire de ce petit garçon qui n'était jamais invité aux anniversaires sous prétexte qu'une fois, il aurait mordu un chien... Eh bien, imaginez que cet enfant soit le vôtre (surtout que personne n'a jamais pu prouver que ce n'était pas le chien qui avait commencé).

Rien que d'imaginer le regard de notre enfant, avec son petit cœur brisé, quand ses petits copains distribuent les cartons d'invitation à tout le monde, sauf à lui... (Oh putain, on peut pleurer.) (Non mais vraiment.) (Sachez qu'on avait les yeux humides en écrivant ces lignes.)

Message aux parents

Essayez de vous renseigner auprès de la maîtresse/maître pour savoir qui est l'enfant qui n'est jamais invité et, s'il vous plaît, invitez-le.
Parce que l'idée que certains enfants soient mis de côté nous est insupportable.

Menace non dissimulée

On vous jure que si vous n'invitez pas nos enfants, on va vous faire la misère comme vous n'avez pas idée !
Merci de votre attention.

Règle n° 28

On évitera de dire
à notre enfant
qu'on a oublié
son goûter alors
qu'on l'a mangé
à la pause
de 11 heures.

Je n'aime pas les enfants

À la phrase « *J'adore les enfants !* », on a parfois envie de répondre : « *Vraiment ? Tu aimes TOUS les enfants ?!* »
C'est un peu comme dire « *J'adore les adultes* », c'est absurde.

Nous restons persuadées que tous les enfants ne sont pas bons, il existe même de vraies petites pestes, cependant, on ne peut pas toujours le dire en public.

- « Ahhh, il m'agace, là, avec sa petite voix, gna-gnagna. »
- **« Pardon, mais il ne sert à rien ! Vraiment. »**
- « Margaux, je ne peux pas l'encadrer ! Sa tête ne me revient pas, c'est tout. Oui, elle a 8 mois, et alors ?! »
- **« C'est pas parce que c'est le fils de ma sœur que je suis obligée de l'aimer, si ? »**
- « C'est pas que je ne l'aime pas, mais on n'a aucun point commun. »
- **« Je crois que mon neveu, c'est l'antéchrist… mais je peux me tromper. »**
- « Pardon, ta fille ne m'aime pas ?! Eh bien, dis-toi bien que c'est réciproque ! »

- **« Adolf Hitler a été un enfant adorable aussi, tu sais. »**
- « Je crois que cette petite fille est raciste… »
- **« Il me met mal à l'aise, cet enfant. C'est pas sa faute, mais c'est le portrait craché de son père, qui est un gros con. »**
- « Tu as vu le film d'horreur *Esther* ? Il y a une petite fille dans mon immeuble, c'est son portrait craché. »
- **« Je n'aime pas les enfants, et alors ?! Toi, tu n'aimes pas les pigeons et je ne te dis rien ! »**
- « Je ne regarde jamais les enfants dans les yeux… Ils sentent la peur. »
- **« Je ne m'approche pas des enfants, c'est des nids à microbes. »**
- « Il va forcément être con, ton fils, vu son père… »
- **« T'es sûre que tu ne l'as pas échangé avec un autre ? Tu sais, il suffit d'un moment d'inattention… »**
- « Elle a deux ans, mais elle a déjà une tête de connasse. »
- **« Je n'aime pas les enfants, mais ça peut changer… Ils peuvent grandir. »**

C'est pareil avec mon chat !

Il est un moment gênant, celui où notre amie (ou sœur jumelle) pense nous comprendre sous prétexte qu'elle vit exactement la même chose avec son chat.
En même temps, elle n'a pas complètement tort (les premiers mois, un bébé, ça dort, ça couine et, au mieux, ça s'amuse avec un bout de plastique).

Pourtant, un jour, elle va trop loin...

- Quand elle vous montre automatiquement des photos de son chat quand vous lui montrez des photos de votre enfant.
- Quand elle appelle votre enfant par le nom de son chat.
- Quand elle essaie d'attirer votre enfant avec une croquette.
- Quand elle compare vos deux modes d'éducation *(et qu'elle pense que le sien est plus efficace)*.
- Quand elle commence toutes ses phrases par « Moi, c'est pareil avec Ratatouille ».
- Quand elle achète une « Sophie la girafe » à son chat.
- Quand elle accuse votre enfant d'avoir une mauvaise influence sur Ratatouille.

ON NE COMPARE PAS UN ENFANT ET UN ANIMAL DE COMPAGNIE* !

---

* En tout cas, pas en public.

Message aux jeunes parents

Vous allez survivre*.

* D'après des tests effectués auprès d'un échantillon représentatif de jeunes parents.

Règle n° 29

On arrêtera de refuser que notre enfant vienne dormir avec nous quand il a peur du loup, juste parce qu'on a trop peur que le loup le suive jusque dans notre lit.

Non, notre enfant n'est pas en avance !

« Je travaille dans un magasin de jouets et quand je demande l'âge de l'enfant à qui est destiné le jouet, 80 % des gens me répondent : "Il a 3 ans mais il est très en avance." »

Émilie, 39 ans, Paris

Donc 80 % des enfants seraient très en avance ! C'est dingue, non* ?!

Cependant, nous sommes au regret de vous annoncer que c'est faux. *(Et on vous entend déjà dire : « Oui, mais le mien si, il a été diagnostiqué précoce. »)*

Nous comprenons aisément que la réalité soit dure à accepter et d'ailleurs, qui sommes-nous pour vous juger ? Nous, qui nous sommes entendues dire en parlant de notre bébé de deux mois « *Tu as vu ? Il tient sa tête comme un enfant de trois mois* », avec une fierté dans les yeux à faire pâlir un médaillé olympique.

- *« J'ai montré mon échographie à ma mère, elle m'a répondu : "Ça se voit qu'elle est surdouée." »*
- *« Ma mère continue de dire que je suis un génie parce que j'ai marché à 8 mois. »*
- *« Ma mère a absolument tenu à me faire faire un test de QI quand j'étais petite et continue de penser qu'ils ont fait une erreur dans le résultat. »*

> *« Baltazar est en échec scolaire, je suis persuadée que c'est parce qu'il est surdoué.*
> *— Ou alors c'est peut-être qu'il est tout simplement con, et connaissant ton fils, c'est une possibilité que tu ne devrais pas écarter. »*

---

* Ironie.

Quelle connasse, cette baby-sitter

La baby-sitter, cet être malfaisant, mais qui nous sauve la vie quand on l'appelle au dernier moment. Elle a 17 ans et nous donne des leçons de vie qu'on encaisse parce qu'on a trop peur qu'elle nous lâche.
Elle sait qu'elle a le pouvoir. Y a pas à dire, cette baby-sitter, c'est vraiment une connasse.

- Elle a constamment entre 7 et 14 minutes de retard *(oui, on a vérifié).*
- **Elle nous juge *(tout le temps).***
- Elle appelle nos enfants avec des petits noms ridicules : *« Ma Minouche, ma p'tite Coucouniette, venez prendre votre bain ! »*
- **Nos enfants la préfèrent à nous.**
- Elle tombe malade le soir de notre anniversaire.
- **Elle demande à prendre un taxi parce qu'on a 10 minutes de retard.**
- Elle répète sans cesse que *« le petit Mathis du 4e est un enfant extraordinaire ».*
- **Elle pioche allègrement dans le frigo *(oui, on a vérifié).***
- Elle rapporte tout ce qu'a dit notre enfant.

- Elle rapporte à notre enfant tout ce qu'on a dit.
- **Elle nous rackette sous prétexte qu'elle est *« très demandée ».***
- Elle nous regarde avec tellement d'insistance quand notre enfant dit « *Putain* » qu'on se sent obligée de dire « *Lilou ! Où est-ce que tu as entendu ce mot ?!* », ce à quoi on répond systématiquement « *Ralala, ça doit être à l'école !* » alors qu'on sait très bien que c'est chez nous.
- **Elle n'a pas donné le bain à nos enfants sous prétexte que *« la baignoire n'était pas très propre ».***
- Elle a insinué que notre enfant avait des problèmes relationnels.
- **Elle s'est syndiquée.**
- Elle nous traite de psychopathe parce qu'elle a trouvé la caméra qu'on a planquée dans le nounours du p'tit *(oui, bon, d'accord, on est un peu paranoïaque*)*.
- **Elle a coupé les cheveux de notre fils sans nous le demander *(ses cheveux ! avec de vrais ciseaux !).***

---

* Mais on a toutes vu ce téléfilm sur M6 où la baby-sitter se révèle être une dangereuse criminelle... Hein ?... Alors, c'est qui, la paranoïaque ?!

Règle n° 30

On acceptera que ce soit le portrait craché de son père alors qu'on s'est fait chier à le porter pendant 9 mois.

Mon fils joue la cigogne dans le spectacle de l'école

On est samedi matin et on s'apprête à braver le froid pour assister à ce qui semble être *« le résultat d'un an de travail acharné dans lequel nous avons mis tout notre cœur, alors soyez indulgents »*… ***Le spectacle de l'école***.

Alors c'est ça, notre projet de vie ? Voir une bande d'amateurs massacrer un classique du conte pour enfants ?

La mère parfaite s'est occupée des costumes bénévolement et a fait des gâteaux.

La mère parfaite : *« Oh, tu sais, c'est rien, j'ai fait ça ce matin. »*

Dans ma tête : *« Mais de quel matin elle parle ?! On EST le matin ! »*

Le spectacle commence…

Dans ma tête : *« Pardon ! Véronique a le rôle principal ? Je peux savoir pourquoi ?! »*

Bon… En même temps, elle s'appelle Véronique, bichette…

Puis soudain, c'est la révélation…

Dans ma tête : *« Mon fils a vraiment du charisme sur scène. C'est incontestable. »*

Et avec toute l'objectivité d'une mère…

Dans ma tête : *« Je n'ai jamais vu un enfant transcender à ce point le rôle d'une cigogne. C'est simple, il ne joue plus la cigogne, il EST la cigogne. »*

Enfin, on rentre, tout enorgueillie d'une prestation sans aucune fausse note et on se prend à rêver…

Dans ma tête : *« Oh my God ! Un Oscar d'honneur pour l'ensemble de sa carrière à seulement 6 ans ! C'est fantastique ! Et dire que tout a commencé avec ce rôle de la cigogne dans le spectacle de l'école… »*

« T'as d'la chance, toi, ton fils est facile »

Les parents font au mieux pour élever leurs enfants correctement, pour les éduquer, leur inculquer des valeurs, les instruire, etc.
Alors, lorsqu'au prix d'un travail acharné, ils voient les résultats de cette éducation, une phrase, une seule petite phrase, est capable de tout anéantir. La fameuse...

« Mais toi, t'as de la chance, ton enfant est facile. »

GRRRR !! MAIS OUI BIEN SÛR !! Et le fait qu'on se fasse chier à ne jamais rien lâcher en matière d'éducation n'a évidemment rien à voir là-dedans !!

Dites-vous bien qu'on minimisera toujours votre travail.

Pour résumer :

Votre enfant se comporte mal
= C'est de votre faute

Votre enfant se comporte bien
= Ce n'est pas grâce à vous,
c'est parce qu'il est facile

Notre sommeil

Nous avons une pensée émue pour le sommeil de toutes les jeunes mamans à travers le monde. Nous tenions ici à leur rendre hommage.

* Nom Prénom

** Votre date de naissance/La date de naissance de votre premier enfant

La baby shower

La baby shower est une mode qui vient des États-Unis. Il s'agit d'une fête prénatale qui met à l'honneur la future maman, elle célèbre la venue imminente du bébé.
C'est l'occasion de rassembler ses amies, d'échanger, de décorer la pièce avec plein de trucs trop mignons et de se faire chouchouter avant la naissance pour la dernière fois...

Car n'oubliez pas qu'après la naissance, la star, c'est le bébé !
(C'est la dure réalité...)

Et comme si ça ne suffisait pas, une nouvelle mode débarque en France, la « *gender reveal party* », une fête pour révéler le sexe de son enfant à naître.
On perce des ballons et on connaît le sexe selon la couleur des confettis qu'ils contiennent : bleu, c'est un garçon ; rose, c'est une fille... Comme c'est original :)

Mais à quel moment ça va s'arrêter ? Bientôt une fête pour célébrer le test de grossesse ? LA « PIPI'S PARTY » ?

INTERVENTION

On pensera à ménager les femmes qui n'ont pas d'enfants lors des baby showers. Entendre parler couches, bodies et fissures anales n'est pas forcément l'idée qu'elles se faisaient d'un dimanche festif.

Et n'oubliez jamais qu'une baby shower,
c'est avant tout l'occasion
de recevoir/offrir le livre
La mère parfaite est une connasse !*

* Il paraît qu'il est TOP !!! Certaines parlent même de « bible ».

Règle n° 31

On arrêtera de répondre n'importe quoi à nos enfants quand on n'a pas la réponse (ils finissent par s'en rendre compte).

Le secret du papyrus

Nous avons trouvé un vieux papyrus dont nous vous donnons la traduction.
(On avoue qu'on a un peu galéré, parce que c'était hyper mal écrit.)
Il nous livre ici son secret.

On oublie la douleur
de l'accouchement.

La nature est bien faite,
car si on s'en souvenait,
on ne ferait pas
d'autre enfant.

Du coup, ce serait
la fin de l'humanité.

Oups.

Ce papyrus s'autodétruira. Merci de ne poser aucune question sur la façon dont on se l'est procuré. Vous en savez déjà trop.

Le sexe après l'accouchement

Abordons à présent une question primordiale, celle du sexe après l'accouchement.

- *« Il ne faut pas attendre trop longtemps pour vous remettre en selle. Ça relance la machine, c'est bien pour remuscler le vagin, tout ça... »*
- *« J'ai entendu dire que c'est bien de se forcer à avoir de nouveau des relations sexuelles 3 ou 4 semaines après l'accouchement... »*
- *« Il faut absolument recoucher rapidement après pour que le couple ne souffre pas trop. Il faut penser au papa, il a déjà été très patient. »*

C'EST UNE BLAGUE* ?!

Premièrement : Le terme « se forcer » doit être banni. On ne doit jamais se forcer !
Deuxièmement : De quels cerveaux malades sont sortis des trucs pareils ?!

On a fait vivre un véritable traumatisme à notre corps, il nous FAUT du temps. Nous sommes en convalescence. **S'il nous faut plusieurs mois, on prendra plusieurs mois !**
D'autant que c'est bien la dernière chose dont on a envie...
On doit aller à notre rythme.

---

* Parce que, si vous voulez une blague, j'en ai une bonne : Vous connaissez celle du pingouin qui respirait par l'anus ? Il s'assied, il meurt.

Règle n° 31

Ce n'est pas parce que votre enfant est en échec scolaire qu'il est forcément surdoué, il est peut-être tout simplement con.

Remerciements

À maman et daddy.
Aux Woo toujours, plus que jamais, Audrey, Prunes, Céline, Gaëtane, Mélo.
À nos chéris, Stéphane et Adrien.
À notre éditeur, Christophe Absi, pour nous comprendre depuis le début (et pour nous laisser faire aussi).
À vous, nos lectrices, nos copines maintenant.
Enfin, à toutes celles qui nous ont inspirées, à celles qui nous ont montrés leurs failles et qui nous ont permis de nous sentir moins seules…
AUX GUERRIÈRES,
AUX MAMANS.

12973

Composition
NORD COMPO

Achevé d'imprimer en Italie
Par GRAFICA VENETA
le 24 novembre 2020.

Dépôt légal : septembre 2020
EAN 9782290215654
L21EPLN002664A003

Éditions J'ai lu
87, quai Panhard-et-Levassor, 75013 Paris

Diffusion France et étranger : Flammarion